U0724765

档案
智慧化管理
·与开发利用的探索研究·

李　烨◎著

中国出版集团 | 全国百佳图书
中国民主法制出版社 | 出版单位

图书在版编目（CIP）数据

档案智慧化管理与开发利用的探索研究 / 李烨著 .

北京：中国民主法制出版社，2024.8.—ISBN 978-7

-5162-3594-2

Ⅰ.G270.7

中国国家版本馆 CIP 数据核字第 20241AH225 号

图书出品人：刘海涛
出 版 统 筹：石　松
责 任 编 辑：刘险涛
文 字 编 辑：吴若楠

书　　　名 / 档案智慧化管理与开发利用的探索研究
作　　　者 / 李　烨　著

出版·发行 / 中国民主法制出版社
地址 / 北京市丰台区右安门外玉林里 7 号（100069）
电话 /（010）63055259（总编室）　63058068　63057714（营销中心）
传真 /（010）63055259
http: // www.npcpub.com
E-mail: mzfz@npcpub.com
经销 / 新华书店
开本 / 16 开　710 毫米 ×1000 毫米
印张 / 15.5　　**字数** / 200 千字
版本 / 2024 年 8 月第 1 版　　2024 年 8 月第 1 次印刷
印刷 / 三河市龙大印装有限公司

书号 / ISBN 978-7-5162-3594-2
定价 / 95.00 元
出版声明 / 版权所有，侵权必究。

（如有缺页或倒装，本社负责退换）

前　言

　　档案作为党和国家各项工作和人民群众各方面情况的真实记录，是促进我国各项事业科学发展、维护党和国家及人民群众根本利益的重要依据。档案是记录和保存人类历史、文化、科技等方面信息的重要存储方式，从古至今以不同的形式和载体存在，它的存在对于促进人类文明发展和进步有重要的研究价值及历史意义。近年来，数字化和信息技术快速发展，传统档案管理模式显得越来越落后和低效。传统的档案管理模式使档案的检索、编研、提供利用与服务受到限制，纸质档案的存储、调阅等都会在一定程度上给档案的管理与发展带来安全隐患，这使得档案管理智慧化成为一种必然趋势。然而，如何实现档案管理智慧化并将其应用到实践中，目前仍然存在诸多问题和挑战。

　　随着现代科技的发展和不断进步，档案的管理也经历了重大的变革。在数字时代，档案管理已经从传统的纸质档案管理逐步转向电子档案管理，但这种管理方式还不能完全满足现代化办公的需求。在电子档案管理中，数据孤岛、不可信等问题依旧存在，而智能化、互联化、开放化等方面的需求也愈发迫切。在当今社会经济、科技高速发展的带动下，信息化逐渐成为各行业创新发展的主要方向。档案的建设、管理工作是国家、学校、企事业单位管理的重要内容，档案信息资源也逐渐成为国家、企业竞争的重要资源。因此，信息化建设是未来档案馆建设创新发展的必然趋势，也是提升建设水平的重要途径。

　　档案智慧化管理是一种基于数字化、智能化和网络化等高科技手段的新型档案管理方式，它是对传统纸质档案进行数字化转化、管理和维护的一种新方法。智慧档案的开发与利用有重要的实践意义和学术价值。首先，智慧档案可以为学术研究和社会服务提供更便捷的途径，同时也更好地保证档案的安全性和可靠性。其次，智慧化档案管理不仅可以提高档案管理和服务的效率，还能帮助我们更好地发掘档案价值，促进文化遗产的传承和保护。最后，云计算、大数据分析等技术的运用使得档案信息的整合与分析更精准，云服务体系的发展使档案检索、智慧化服务等功能更便捷。

本书旨在探索档案智慧化开发、利用和管理的过程中存在的问题及其解决方法，通过提高档案管理和服务的效率，推动档案工作的现代化、规范化、智慧化建设。本书共分为六章，以下是框架的基本阐述。第一章，我国档案管理的发展历程与现状分析。本章介绍了我国从夏商时期的档案文书管理到近代档案管理，再到档案现代化管理的发展历程，以及我国档案管理的现状分析。第二章，档案智慧化管理的创新与发展。本章介绍了档案管理模式的创新、管理体系的构建与智慧化服务的构建。第三章，档案智慧化的开发与利用。本章介绍了档案智慧化检索、编研、提供利用与服务。第四章，档案智慧化开发利用的实践探索。本章介绍了政府、学校、医院和企业的档案智慧化开发与利用。第五章，大数据时代智慧档案馆构建探析。本章从大数据时代智慧档案馆的构建、服务功能的发展等方面具体描述了在大数据背景下我国档案馆的发展方向。第六章，档案智慧化开发利用的发展趋势与建议。本章描述了档案智慧化的未来发展趋势，以及如何提升档案智慧化开发利用的水平。

本书在创作过程中参考了大量国内专家、学者的研究成果，同时也得到了来自同事、朋友及家人的多方面支持与帮助，在此表示衷心的感谢！由于笔者水平有限，书中的论述难免存在不足之处，欢迎广大读者批评指正。

希望本书能为相关学者、科研人员及广大读者的研究和工作起到积极的推动作用。

目　录

第一章　我国档案管理的发展历程与现状分析

自中华人民共和国成立以来，我国的档案事业发展已走过七十多个春秋。2023 年 7 月 30 日，国务院办公厅关于印发《政务服务电子文件归档和电子档案管理办法》的通知："各地区各部门要深入贯彻落实党中央、国务院关于加强数字政府建设、深化政务服务的决策部署，认真做好政务服务电子文件归档和电子档案管理工作，推动各行业各领域政务服务电子文件从形成办理到归档管理全流程电子化管理，有力支撑政务服务'一网通办'，不断提升企业和群众的获得感和满意度。"①

随着现代社会的持续变迁和科技的持续创新，档案管理作为一项至关重要的工作承担起越来越重要的使命，引起了社会各界广泛的关注和重视。本章旨在对我国档案管理发展历程以及现状进行全面而深入的分析，以期为今后的档案管理工作提供更多的借鉴和参考，从而推动我国档案事业的进一步发展与完善。

---

① 国务院办公厅. 国务院办公厅关于印发《政务服务电子文件归档和电子档案管理办法》的通知［EB/OL］.（2023-07-30）［2023-10-16］. https://www.gov.cn/zhengce/content/202308/content_6899493.htm.

第一节　我国档案管理的发展历程

中国历史是一部历史悠久的文明史册，几千年的文化传承、历史演变使得中国有着宝贵而丰厚的档案资料。这些档案资料见证着中华民族的辉煌历史与文化，记录着一个时代的完整信息，总结过去的辉煌成就，指导现在和未来，是珍贵的文化资源。[①] 档案的起源与发展同人类社会的发展和进步密切相关，档案的发展历史反映了人类记忆的发展脉络与生产水平变化。档案管理涉及很多领域，如文化、社会和经济等，其发展历程也是一个与时俱进的过程。通过回顾档案事业发展的历史进程，能够感受档案工作建设的艰辛不易，掌握中国档案事业发展的历史规律。[②] 随着时代的变迁，档案和档案事业作为一种客观存在的社会现象，反映了社会的发展和进步。本节梳理了中国档案管理的历史脉络，并总结了其中的有益经验。

一、古代档案管理

随着时代的变迁，中国档案管理经历了一个漫长的发展历程。在中国历史上，历代王朝的文书档案工作总体上经历了探索、形成与逐步调整的演变过程。我国的档案管理最早可以追溯到夏商时期。在古代文献中，对夏朝档案工作有确切记载，商朝档案工作则有大量出土的甲骨档案作为证明。夏、

---

① 刘圆. 我国档案管理发展历程及意义探究［J］. 科学大众，2020（7）：274.

② 周林兴. 我国档案事业发展的历史进程［EB/OL］.（2023-06-19）［2023-10-16］. http://www.zgdazxw.com.cn/news/2023-06-19/content_341129.htm.

商、西周时期，档案主要由史官保管。西周出现了中央政府设立的正规的档案机构——天府，保管文书档案的正本，负责管理天府的史官称"守藏史"，而文书档案的副本则由秘书机构太史寮中的太史、内史、御史等保管。春秋战国时期各诸侯国管理档案的官员名称不一，赵国称御史，齐国称掌书，秦国称尚书。秦始皇统一六国后，中央设三公、九卿，九卿少府中的尚书是专管文书档案的官员。西汉御史府是中央政府主管文书档案的重要机构，御史中丞主管宫中兰台的图籍秘书，令史是实际的管理人员。东汉时尚书台成为主管文书档案的中枢机构，档案由尚书主管。魏晋南北朝时期，中央政府逐渐形成三省制，并于中书、门下、尚书三省外另设"秘书省"，主要管理历朝档案和本朝档案。隋朝在秘书省内设立了"史馆"，是专门的档案机构，唐代的史馆收集了大量历朝和本朝档案，并根据档案资料编修了从晋到隋的八朝正史。宋代从中央政府各部门到各地方官府，普遍设置了专门保管档案的"架阁库"，其主管官员称"管勾"，档案人员称为"守当官""勾当官"。唐、宋之后，由于印刷术的广泛应用，档案管理得以快速发展。元朝沿袭了宋、金架阁库制度，在各级官府中普遍设置了架阁库，专门保管办理完毕并经检察机关检查过的文案。清朝中央和地方档案工作机构一般称为"清档房""档房"，专门从事文书处理和保管档案的人员称为"书吏"。

（一）夏、商、周时期

文字的产生是档案形成的基本条件，而阶级、国家的出现是档案形成的社会条件。夏朝的建立，催生了为管理国家而形成的文书与文书管理工作，即档案工作的前身。据《吕氏春秋·先识览》记载，"夏太史令终古出其图法"，说明夏朝不仅产生了档案，并且还有保管档案的官员。[①]

20 世纪初在河南安阳殷墟出土的甲骨档案表明，约在公元前 13 世纪殷商武丁时期，王朝的档案已经是集中保管了，并有了类似"归档"的制度和初步的整理。商朝甲骨档案是我国最早的官府文书，亦是我国目前最古老的历史档案。[②] 商朝的甲骨档案主要保存在宗庙的地下库窖中，这些库窖宽 3—4 米，窖深一般都在地下约 2 米，基本上与外界隔绝，可以有效防火、防震、防紫外线等。因为深入地下，昼夜温差变化不大，这对档案保护十分有利。夏商时期的宗庙和地下库窖虽然比较原始，但是它们开创了中国建造档案库房的历史。此后，历代王朝相继建造了更完善的档案库房。甲骨窖穴除藏有甲骨外，还贮藏有谷物和各类器物。甲骨在文字学界被称为甲骨文，考古学界称之为出土文物，图书馆学界说它是罕见的图书，档案学界把它看成最古老的档案。有史料记载，我国最早的保管甲骨卜辞等文书档案的机构是《周礼》中记载的周王朝的档案管理机构——天府。凡国家贵重的宝器物品和重要簿籍都由天府保管收藏，负责管理的官员称守藏史或柱下史。著名道家学派创始人老子曾任此职。《说文解字》中有，"府，文书藏也"，且古代又尊王者为天，这就是宗庙收藏机构被称为"天府"的原因。天府隶属于春官，执掌祖庙的守藏。[③]

① 长春市生态环境局. 档案时光机 不同朝代的档案机构［EB/OL］.（2019-06-12）［2023-11-02］. http://hjj.changchun.gov.cn/ywdt/zwdt/gnyw/201906/t20190612_1940834.html.

② 张艳霞. 浅谈中国古代的档案管理［J］. 湖南城市学院学报，2005，26（3）：61.

③ 长春市生态环境局. 档案时光机 不同朝代的档案机构［EB/OL］.（2019-06-12）［2023-11-02］. http://hjj.changchun.gov.cn/ywdt/zwdt/gnyw/201906/t20190612_1940834.html.

（二）春秋战国时期

春秋战国时期，许多国家都非常重视档案收集工作，设立了专门管理档案的官员。多数国家都明文规定：凡本国颁发的册令、各国间的往来文书，以及本国和他国各项政治活动的记录等都要收集起来，交史官保管。[①] 春秋战国时期的档案工作大体沿袭西周制度，但这一时期的档案工作也相应地反映了阶级斗争和档案之间关系的变化。一方面，在各国动乱及政治斗争中，大量档案被毁坏，如盟书、丹书（以朱笔记载犯人罪状的文书）等。另一方面，新兴的地主阶级在建立新制度的同时也形成了一些新的档案，如律法档案（刑书）、赋税档案（计书）等。春秋后期，各国保存档案的机构名称不尽相同，如《左传》中有记载齐国的档案库房称为"祀庙"，鲁国将盟约等重要文书存于国家档案库"盟府"中等。此外，由于连年战乱，大量档案散落在民间，被私人收藏于各自家中，但与此同时，也开创了我国历史上私人利用档案编史修志的先河，如我国历史上第一部典型的档案汇编《尚书》。

（三）秦王朝

秦是中国历史上第一个统一的多民族的封建专制主义中央集权国家，秦为加强中央集权形成了一套尊君抑臣的封建制度。秦始皇在兼并六国时收缴了各诸侯国的大批档案，运往咸阳宫收藏，并设专门官员掌管。建立官府收藏机构，称为"明堂""石室金匮"等。秦以法为治，尤重律法档案，中央禁室是秦殿中的律法档案保管机构，秦律法档案除正本外还有多份副本，其中一份收藏在中央禁室，封以禁印，不准私启，由少府派遣尚书管理。其他的副本保存在丞相、御史大夫府与地方州县。档案库房的管理有严格的防火要

---

① 张艳霞. 浅谈中国古代的档案管理 [J]. 湖南城市学院学报，2005，26（3）：61.

求，《内史杂》中规定，不准把火把带进收藏档案的府库；库房由专人轮流值夜看守，令史则巡察其衙署的府库；库房经检查无火源后，才可关闭；如果要建新的吏居，也不得靠近档案库房。九卿是分掌中央政府各部门事务的办事机构，其中"少府"掌皇室财物及杂务，并掌皇帝文书档案，"少府"下的"尚书"是在殿中主管收发文书和保管图籍的臣子。此外，其余八卿，即掌宗庙礼仪、史官记事、天象、文化、医药等事务的"奉常"，掌皇帝侍从警卫的"郎中令"，掌宫廷警卫的"卫尉"，掌皇帝舆马及马政的"太仆"，掌刑法的"延尉"，掌皇族事务的"宗正"，掌外交及少数民族事务的"典客"，掌赋税财政的"治粟内史"，均各自掌管本机构内的档案。①

（四）两汉时期

两汉时期，无论从数量种类还是规模上，档案的集中都是空前的，因袭秦制，特别重要的档案藏于"石室金匮"之中。砖石材料具有良好的隔热保温性能，可以避免室内温度受到室外温度急剧变化所产生的不良影响。金石材料坚固且不会生虫，利于防火、防虫。西汉时期，皇宫内建有藏书的石室，作为中央档案典籍库，称为兰台，由御史中丞管辖。东观建于东汉，是收藏诏令、奏章、图籍的皇家档案库。汉代后期，东观逐渐取代兰台成为朝档案典籍收藏之所。汉代在宫殿内外均设立了专门保管图书档案的库房，西汉的麒麟阁、天禄阁等，东汉的石室、宣明、鸿都等，这些都既是中央档案库，又是皇家藏书阁，也是群儒校勘经籍、从事著述的处所。据《三辅黄图》②记载，石渠阁的四周筑有石渠，渠中放水以保安全。兰台是隶属于御史府的档

---

① 长春市生态环境局. 档案时光机 不同朝代的档案机构［EB/OL］.（2019-06-12）［2023-11-02］. http://hjj.changchun.gov.cn/ywdt/zwdt/gnyw/201906/t20190612_1940834.html.
② 《三辅黄图》又名《西京黄图》，是我国古代的一本地理书籍。

案典籍库，其典藏的档案包括诏令、奏章、律令、地图等，内容十分丰富。东观位于东汉时期洛阳南宫，也是东汉王朝收贮档案典籍的地方，不仅藏书极为丰富，还存有大量诏书、奏折、功状及人事档案等。[①]

（五）魏晋南北朝时期

魏晋南北朝时期因战乱频繁，两汉时统一的档案机构不复存在，档案改而保存在秘阁（也称秘府）。秘阁保存有图书、地图、天文历法及文物等大量档案材料。秘阁档案来源包括抢占被征服者的秘府档案、购买民间所有的档案、接受民间进献、借抄私人所有的档案、收藏私人撰写的史籍等。档案副本制度在这一时期也有了较大发展，受到广泛重视。[②] 然而，档案管理工作并没有因缺乏安定发展的条件而停滞不前，尤其在档案的制作形式、保护技术等方面都有改进创新，真正起到了上承秦汉和下启隋唐的重要作用。魏、蜀、吴、西晋仍遵汉制，设东观作为集中贮存档案图籍之所。北魏迁都洛阳后，也有东观之设，但兰台仍然发挥作用。宗庙也是重要档案典籍的收藏之所。各王朝中央的尚书、中书、秘书等机关也都聚集了一大批档案典籍。随着纸张逐渐普及，简牍至南北朝时已基本绝迹。在今新疆吐鲁番发现了东晋南北朝的文书，被称为吐鲁番文书。[③]

---

① 长春市生态环境局. 档案时光机 不同朝代的档案机构 [EB/OL].（2019-06-12）[2023-11-02]. http://hjj.changchun.gov.cn/ywdt/zwdt/gnyw/201906/t20190612_1940834.html.
② 吴雯. 秘府——魏晋南北朝时期的档案机构 [J]. 吉林省教育学院学报（中旬），2013，29（9）：3-4.
③ 19 世纪末至 20 世纪 70 年代，在新疆吐鲁番地区发现的各种文字的古文献共约 3 万件，主要是从高昌到唐西州这段历史时期被高昌居民埋藏在地下的文书，主要内容包括官府文书、私人文书和古代典籍、民间读物。它对研究魏晋隋唐时期新疆地区的经济、社会史非常重要，对各民族语言史的研究也颇具意义。

（六）隋唐时期

隋唐时期是我国封建社会历史中辉煌灿烂的时期。朝廷建立了以三省六部为核心的中央政府新体制。唐高祖时曾设置修文馆（626 年改为弘文馆，705 年改为昭文馆），收藏档案典籍。唐代除政务文书外，专门档案主要有记注档案（古代君主活动的原始记录，录入君主言行之事）、甲历档案（官员人事档案）、赋役档案、舆图档案、律法档案等。敦煌石窟遗书和吐鲁番文书是近代以来发掘的具有重大价值的档案代表。在众多的档案类别中，特别值得注意的是唐代的官员人事档案——甲历[①]。唐太宗李世民经历了隋朝的灭亡，深谙君民之道，特别重视保管官员人事档案，在三省机关中都分别设置了专门保管官员甲历档案的专职管理机构——甲库[②]。

（七）宋朝

宋朝国家机关普遍设立的架阁库，是近现代机关档案室的雏形。架阁库是宋代各级国家机关设置的保管现行档案的专职机构。宋初，在唐弘文馆的基础上，秘书监和史馆、昭文馆、集贤院等机构贮存档案文件。宋太宗年间，三馆合称崇文院，崇文院中堂建秘阁贮存档案典籍。崇文院、秘阁是王朝中央收藏档案典籍的馆阁。此外，宋朝还设有中央档案库，称为金耀门文书库。金耀门文书库主要收贮三司、六部的档案，这些档案在本衙置架阁库贮存一定时期之后，要送交金耀门文书库收存。随着三省制在元丰改制[③]后的重新确立，中央三省及地方各府、州、县中均下设有文书档案机构。与此同时，以

---

① 中央三省每年铨选官吏，凡参加铨选入仕官员的出身、籍贯、履历、考绩及三省的拟官、解官、委官等都要记录存档，这些记录文件称为甲历。

② 甲库，我国档案史上最早的人事档案库。

③ 北宋神宗元丰年间对当时的职官制度进行的一次大调整，史称"元丰改制"。

架阁形式保存文书档案的专职机构——架阁库也在全国各级机关建立起来，架阁库在档案的登记和整理、鉴定和销毁、移交和保管上均有明确的规定。^①宋代架阁库的创立，在中国档案事业史上是具有划时代意义的重大举措，也使档案保管装具发生变革。架阁库采用架阁贮存档案，架阁由数格构成，多层放置，可以充分利用空间，既便于保管、查找和利用，又可大大增加保存档案的数量，还节约了费用。楼式建筑能够防止档案受潮霉烂，但木质材料不耐火，且易受白蚁等害虫的侵害。

（八）元朝

据《元史·世祖本纪》记载，（中统元年）夏四月戊戌朔，立中书省；七年立尚书省，罢制国使司。由此可知，元朝中书省架阁库是在元世祖忽必烈中统元年（1260 年）建立的。中书省设有架阁库、蒙古架阁库和回回架阁库；六部分置左部（吏、户、礼）、右部（兵、刑、工）架阁库。枢密院、御史台等中央机关，以及各行台、行省、路、府、州、县都设置有架阁库，配备专门的管理人员。元朝是我国少数民族建立的一个军事强国，元世祖时各项典章制度的建立大都借助于金和宋遗留下来的典籍案牍，也沿用了架阁库制度。^②

（九）明清时期

明朝建立后，机构设置趋于统一，全国政务改由六部负责，中央机构内及各地方官府都普遍设有架阁库和照磨所^③。由史书记载的粗略统计，仅有名

---

① 长春市生态环境局. 档案时光机 不同朝代的档案机构［EB/OL］.（2019-06-12）［2023-11-02］. http://hjj.changchun.gov.cn/ywdt/zwdt/gnyw/201906/t20190612_1940834.html.

② 张会超. 解读元代中书省架阁库文献［J］. 柳州师专学报，2003（3）：96–100.

③ 官署名. 明朝始置，为户部、刑部、都察院、各布政使司、按察使司及各府衙下属办事机构，主管文书、卷宗，置官照磨、检校。清朝沿置，仅置于各布政使司及顺天府。

可考的地方架阁库就有 300 多处。此外，据《明会典》记载，中央还设通政司"掌受内外章疏敷奏封驳之事"。为了长期保存赋役黄册档案，明太祖朱元璋曾亲自参与建造后湖黄册库的筹划。后湖黄册库这种前后通风、便于晾晒、防潮降湿的特殊布局建筑的诞生，标志着国家规模的专门档案库房在明朝有了空前的发展，具有重要意义。皇史宬始建于明嘉靖十三年（1534 年），是目前我国保存最完整、最古老的皇家档案库建筑群，距今有 480 余年的历史，延续了中国传统的"石室金匮"理念建造而成，柜内曾收藏列朝的实录、圣训、玉牒，以及《永乐大典》副本、《大清会典》等重要档案文献，这些档案均收贮于楠木制作的鎏金铜皮包制的金匮内。清朝档案库房建筑基本沿袭明朝，皇史宬仍然是清朝皇帝的御用档案库，另外还设置了内阁大库、清史馆大库等，档案管理制度进一步完善。①

二、近代档案管理

辛亥革命后，中国的档案学思想得到了迅速发展，开始逐步向科学化的形态演变。在民国时期，战乱频繁、经济困难等种种原因导致国家档案管理工作面临严峻的挑战。大量的国家档案资料遭到破坏和失窃，档案管理工作也由于政局的变化而屡屡中断。然而，即便面临重重困难，中国档案学者依旧不曾放弃，他们坚持探索和研究档案管理的先进经验和理论，为档案管理提供支持和指导。20 世纪 30 年代，中国档案学者开始吸收古代先贤的文书档案管理思想精华，并学习西方档案学理论，借鉴相关学科的知识方法。他们在总结、改革档案工作实践的基础上，归纳、提炼了一系列具有创新性的档

---

① 长春市生态环境局. 档案时光机 不同朝代的档案机构［EB/OL］.（2019-06-12）［2023-11-02］. http://hjj.changchun.gov.cn/ywdt/zwdt/gnyw/201906/t20190612_1940834.html.

案学思想。这些思想被广泛应用于中国档案实践中，并产生了一批具有历史和现实意义的档案学经典著作，由此奠定了近代中国档案学的基础。

我国档案学思想的诞生并非偶然，它是社会发展到一定阶段的必然产物。其形成受众多因素的影响，包括社会环境的变化、档案工作的积累、档案意识的形成、国外档案学思想的引入，以及我国档案教育系统的创立等。这些因素相互作用，共同推动了我国近代档案学思想的形成。

档案工作的不断积累和发展，使得档案学思想在实践中孕育和成长。随着档案意识的逐渐形成，人们开始重视档案工作的重要性，对档案的保护、管理和利用提出了更高要求。同时，国外档案学思想的引入，为我国档案学的发展提供了新的思路和方法，促进了档案学思想的进一步成熟。在这一时期，我国还制定并颁布了一系列档案工作相关的规章和制度。这些规章和制度的出台，为我国档案工作的规范化和科学化提供了有力保障。它们不仅规范了档案工作的流程，还提高了档案工作的效率和质量，为中国档案学的进一步发展奠定了坚实基础。

在这一历史阶段，传统的档案思想与现代档案思想相互交融、相互碰撞。这种交融和碰撞，不仅开拓了近代时期的学术视野和研究方法，更构建了独特的档案学话语体系。这种话语体系既包含了对传统档案思想的继承和发扬，也体现了对现代档案思想的吸收和创新。近代是我国档案思想从旧形态向科学形态演变的关键时期，同时也是中国档案学发展的重要阶段。档案学不仅在理论上取得了重要突破，还在实践中得到了广泛应用。这些成就为我国档案学的未来发展奠定了坚实基础，也为后人留下了宝贵的历史遗产。[①]

中国在近代时期经历了社会经济、政治、文化等多个领域的巨大变革，这些变革对法律体系产生了深远影响，档案法规也在这个大背景下发生了实

---

① 张盼.试论近代档案思想的历史贡献［J］.档案学通讯，2017（4）：23–27.

质性的改变。中国近代档案法规的演进过程，正是在内部缓慢变迁与外部剧烈碰撞的矛盾冲突中逐步推进并不断演变的。对于中国近代档案法规的研究，学术界涉及的范围相当广泛，涵盖了近代档案法规的特点、演变过程、社会影响以及与外国档案法规的比较等多个方面。这些研究为我们深入理解中国近代档案法规的发展提供了重要视角。

（一）近代档案思想的时代特征

在 19 世纪末至 20 世纪初的中国，社会正处于转型的关键时期，知识界面临前所未有的挑战。这一时期，思想重建、道德重塑、知识重构以及传统资源的重组等现象层出不穷，成为社会各界关注的焦点。在这一背景下，我国的档案思想也经历了革命性的变革，呈现出崭新的面貌。

过去的档案，仅限于少数人掌握。然而，随着时代的变迁，档案逐渐从神秘的殿堂走向公众视野，成为宝贵的资源，档案的地位获得了显著的提升。这一转变不仅体现了档案思想的进步，也反映了社会对档案价值的重新认识。过去，人们普遍认为"旧档无用"，档案往往被"藏于金匮"，鲜少有人问津。随着社会的进步，人们逐渐认识到档案与政治、学术息息相关，是国家文化、历史传承的重要载体。同时，在档案管理方面，也经历了从被动到主动的转变，人们开始积极担负起保存整理档案的责任，确保这些宝贵的历史资源得以传承和发扬。

在这一变革过程中，档案的文化价值和在哲学上、科学上、道德上的意义渐渐引起人们的关注。人们开始深入挖掘档案中所蕴含的文化内涵，以及其在哲学、科学、道德等领域的重要价值。这种对档案价值的重新认识，形成了独具近代时代特色的档案思想。

因此，我们有必要抓住并深入研究近代档案思想的时代特征。通过对近代档案思想的研究，我们可以更好地理解和应对现今的档案学问题，推动档案事业的持续发展。同时，这也有助于我们更全面地认识历史、传承文化，为社会的进步和发展贡献力量。

近代档案思想的时代特征主要表现在以下四个方面：传统与现代化的统一、理论与实践的统一、自发性与自觉性的统一、进步性与局限性的统一。

1. 传统与现代化的统一

近代档案思想的时代特征鲜明地体现在传统与现代化的统一上。在传统的档案保管和管理方式中，由于历史、技术和认知的局限，存在一些不科学、不规范的问题。这些问题包括但不限于档案分类的模糊、保管条件的简陋、检索手段的落后等，影响了档案的有效利用和长期保存。然而，随着社会的快速发展和科技的进步，近代档案思想应运而生。它强调科学、规范、现代化的建设理念，是对未来档案管理方向的明确指引。近代档案思想注重建立健全档案管理制度和规范，确保档案的安全、完整和可追溯性。

在近代档案思想的指导下，档案管理工作开始逐步转变。传统的档案管理方式不再是孤立的、静态的，而是逐渐融入新的元素，实现科学化的分类、系统化的整理。这种转变不仅提高了档案管理的效率，也使得档案资源得到了更充分、更有效的利用。

近代档案思想所强调的传统与现代化的统一，实际上是一种继承与发展的关系。它并不是简单地抛弃传统，而是在保留传统精华的基础上，引入先进的理念和方法，使档案管理工作更符合时代的要求，更符合人们的需求。这种统一不仅体现在档案管理的技术和手段上，更体现在档案管理的理念和文化上。近代档案思想所倡导的科学、规范、现代化的建设理念，已经成为档案管理工作的基本准则和追求目标。

2. 理论与实践的统一

近代档案思想的时代特征体现在理论与实践的统一上。单纯的理论研究或实践操作往往难以取得显著成效，只有将二者紧密结合，才能产生实质性的推动力。在近代档案思想的形成过程中，这种结合被赋予了特殊的重要性。随着知识的积累和社会的进步，档案管理理论也在不断更新。从档案的分类、存储到利用，每一步都伴随理论的探索和创新。然而，理论的生命力在于实践，没有实践的检验，理论往往显得空洞和无用。近代档案思想深刻认识到了这一点，它不仅关注理论的构建和完善，更强调理论在实践中的应用和检验。

在近代档案思想的指导下，档案管理实践得到了前所未有的发展。一方面，先进的档案管理理论为实践提供了科学的指导和支持；另一方面，实践中的经验和教训也为理论的完善提供了宝贵的素材。这种良性的互动使得档案管理理论和实践相互促进、相互完善，共同推动了档案管理工作的进步。

近代档案思想注重将理论与实践相结合，构建了一套完整的档案管理体系。这个体系不仅涵盖了档案管理的各方面，还注重各个环节之间的衔接和协调。这种体系化的档案管理模式使得档案管理工作更科学、更规范、更高效，为档案管理事业的持续发展奠定了坚实的基础。

3. 自发性与自觉性的统一

近代档案思想的时代特征表现在自发性与自觉性的统一上。在传统的档案管理方式中，档案管理往往被视为一项由国家或组织统一负责的任务，个体的自发性和自觉性对档案管理发展起到的作用在很大程度上被忽视。然而，随着近代档案思想的兴起，人们开始意识到个体的主观能动性在档案管理中的重要性。近代档案思想强调以人为本，这意味着在档案管理过程中，要充分考虑个体的需求和意愿，激发其参与档案管理的积极性和创造性。通过培养个体的档案意识和责任感，使其能够自发地参与到档案管理工作中来，变被动为主动。在近代档案思想的指导下，档案管理工作开始注重培养个体的自觉性。通过教育和培训，提高个体对档案管理工作的认识和理解，使其能够自觉地遵守档案管理规定，规范自己的行为，确保档案的安全和完整。

这种自发性与自觉性的统一，使得档案管理工作更具有活力和创造力。个体的主观能动性得到充分发挥，档案管理工作不再是单一、刻板的任务，而是变得丰富多彩、充满挑战。这种变化不仅提高了档案管理工作的效率和质量，也为档案事业的发展注入了新的活力。同时，近代档案思想也认识到自发性与自觉性并非孤立存在，而是相互关联、相互促进的。个体的自发性可以激发其自觉性，而自觉性的提高又可以为个体的自发性提供更多的动力和支持。这种统一不仅体现在个体层面上，也体现在档案管理工作的整体层面上。

4. 进步性与局限性的统一

近代档案思想的时代特征还表现在进步性与局限性的统一上。档案管理工作，作为一项历史悠久且不断发展的工作，本身就体现了进步与局限的交织。随着社会的变迁和技术的革新，档案管理不断迈向新的高度，但也面临各种挑战和限制。近代档案思想敏锐地捕捉到了这一矛盾现象，并积极寻求解决之道。它通过对历史上档案管理工作的深入剖析，总结经验教训，找出其中存在的问题和不足。这些问题可能涉及管理理念的落后、技术手段的局限、制度规范的缺失等。在发现问题的基础上，近代档案思想进一步提出了改进措施和发展方向。

在进步性方面，近代档案思想推动了档案管理理念的创新和升级。它摒弃了过去陈旧的管理观念，引入了先进的管理理论和方法，使档案管理工作更科学、更高效。然而，进步并不意味着摆脱局限性。在档案管理工作中，仍然存在一些难以克服的问题和挑战。比如，档案资源的庞大和复杂使得管理难度增加；不同历史时期、不同地区的档案管理存在差异，难以统一标准；档案管理人员的专业素质和技能水平参差不齐等。这些局限性在一定程度上制约了档案管理工作的进一步发展。

近代档案思想正视这些局限性，并在实践中不断探索和尝试，寻求突破和解决方案。它强调在认识局限性的基础上，积极应对挑战，努力克服困难，推动档案管理工作不断向前发展。这种对进步性与局限性的辩证认识和处理方式，使得近代档案思想在指导档案管理工作时更全面、更深入、更具有针对性。

综上所述，近代档案思想的时代特征是放在近代时期这个大的社会背景中去考察和分析的，它在外在形式、内在实质、主体意识、客观效果上具有其特殊的时代特征，在近代国家档案事业建设中得到了证实和实践，虽然在程度和范围上来看，还显得狭窄和不足，但是在近代档案思想的影响下，近代国家档案事业建设在各方面已经崭露头角并在不断发展。[①]

（二）近代档案史料的挖掘和利用

近年来，对中国近代档案史料的挖掘和利用越来越成为档案史研究的一个热点。这方面的研究主要涉及国内档案史料和海外档案史料两个方面。在国内档案史料方面，研究人员主要关注档案史料的发现与编纂、档案史料的真实性、档案史料的开发利用以及档案史料散佚等问题。随着社会的发展和科技的进步，越来越多的档案史料被发现和编纂出版，其中不乏一些珍贵的历史资料。研究人员也在不断探索档案史料的真实性问题，提高档案史料的可信程度。此外，档案史料的开发利用也是一个重要的研究方向，旨在充分

① 张盼.论近代档案思想的时代特征［J］.档案学通讯，2015（5）：29—32.

发挥档案资源的作用，为社会各领域提供历史参考和借鉴。同时，档案史料散佚问题也引起了研究人员的关注，他们致力于寻找散佚的档案史料并加以整理和保护。在海外档案史料方面，研究人员主要关注在外国收藏的与中国有关的档案资料，如外交文书、商业文献、照片图像等。这些档案史料包含了丰富的历史信息，对研究中国近代史和中外交往史具有重要的意义。然而，由于地理距离、语言限制等原因，这些档案史料的获取和利用仍存在一定的困难。因此，研究人员一直致力于解决这些问题，并采取各种措施来获取和利用这些海外档案史料。

丁华东指出："19 世纪末至 20 世纪初是我国档案史料大发现的年代，殷墟甲骨文、西北汉晋简牍、敦煌经卷文籍、明清内阁大库档案等，以其夺目的光芒展现在世人面前，使中国乃至世界学术界为之轰动。这次编纂高潮在继承我国档案史料编纂的优良传统的基础上，运用现代史料观来编纂公布档案史料，逐渐形成具有近现代意义的档案文献编纂工作。因此，具有十分深远的历史意义。"① 中国近代档案史料浩如烟海、错综复杂，给利用档案史料研究的史学带来了困难。因此，近代档案史料的考证工作是史学研究的首要任务。

档案史料在一定程度上能够反映历史的原貌，这对史学研究具有重要的参考价值。近代以来，中国的档案法规与古代相比发生了重大变化，呈现出复杂多变、相互交织的矛盾与冲突。在论及中国近代档案法规发展演变动因这一问题时，刘迎红认为其动因主要体现在以下几个方面：对传统的扬弃是近代档案法规发展演变的客观基础，经济形态的转变为近代档案法规发展演变奠定了物质基础，封建制度的解体为近代档案法规发展演变奠定了社会基

---

① 丁华东 . 20 世纪我国档案文献编纂三次高潮论略 [J] . 档案学通讯，2001（2）：17–19.

础，西方文化的传播与渗透对档案法规发展演变产生了重要影响。①

近代中国档案学的形成与发展，是一个多元融合、不断创新的过程。其思想基础与理论体系，主要来源于对中国古代档案学萌芽的继承、对相关学科与欧美诸国经验与技术的借鉴，以及结合中国实际情况的创新探索。

首先，继承中国古代档案学萌芽的思想成果是近代中国档案学形成的重要基石。古代档案学虽然尚未形成完整的理论体系，但其丰富的文献积累与初步的理论探索为后世提供了宝贵的遗产。近代档案学者对这些古代文献进行了深入的挖掘与整理，系统地总结了古代档案工作的经验与教训，并在此基础上发展出了适应近代社会需求的档案学理论架构和工作体系。这种继承不仅是对古代智慧的延续，更是对档案学传统的尊重与发扬。

其次，借鉴相关学科和欧美诸国的经验与技术是近代中国档案学形成过程中的重要环节。随着国际交流的增多与科技的进步，近代中国档案学开始积极引进外来经验与先进技术，如图书馆学、历史学、文献学等相关学科的理论与方法，以及欧美国家在档案管理与维护方面的先进经验。这些外来元素与本土实践相结合，不仅拓展了档案学的研究领域，丰富了档案学的方法论，也推动了档案管理与维护工作的专业化和精细化。

最后，结合中国实践的创新探索是近代中国档案学发展的鲜明特色。近代中国档案学始终坚持以问题为导向，紧密结合中国社会的实际需求与档案工作实践，对档案管理与维护中的问题进行系统研究与分析。在这个过程中，近代档案学者不仅深入发掘实践中的问题与挑战，还提出了一系列针对性的解决方案与理论体系。这种结合实践的创新探索不仅推动了档案工作本身的发展与完善，也为社会提供了更高效、更便捷的档案服务。

---

① 刘迎红. 中国近代档案法规发展演变动因探析 [J]. 兰台世界，2009（22）：11–12.

（三）近代档案学的来源

近代中国档案学的来源具有以下三个特点：基于实践，缺乏体系；中西合璧，兼容并蓄；百家争鸣，主体众多。首先，在近代中国档案学的发展历程中，实践是其来源的重要特点。随着国家政治、经济、文化等领域的发展，人们对发掘历史的需求越来越迫切，对档案资源的利用也变得越发重要。因此，在实践中，人们不断探索、总结并创新档案学的理论与方法，以适应社会的需求。其次，在中国档案学的来源中，中西合璧是一大特点。近代中国的档案学理论、方法、体制等都受到西方档案学的启示。与此同时，中国本土的档案学也有其独特的思想和方法。这种中西合璧的现象为中国档案学的发展提供了广阔的空间。最后，中国档案学的来源还表现出"百家齐鸣，主体众多"的特点。在中国档案学的发展历程中，涌现出了很多具有代表性的学派和思想家。这些主体各具特色，相互交流、互相借鉴，推动中国档案学的发展。

近代档案事业的发展与社会的发展相辅相成。社会政治、经济、文化因素对档案事业的发展有一定的促进作用，档案事业也在潜移默化地影响社会诸多领域的发展。近代档案事业的发展对近代社会的发展产生了较为深远的影响，也为新中国档案事业的建设提供了启示与借鉴。近代中国档案事业对社会发展的影响如下：其一，对政治方面的影响。近代档案事业的发展提高了国家机关的行政效率。其二，对经济方面的影响。档案记载了经济发展和进步的过程，反映了各行各业生产经营和组织管理活动的情况，具有十分重要的凭证价值和情报价值。其三，对文化方面的影响。档案事业的发展在某个层面上反映了社会的发展，这种反映主要体现在档案的本质属性上，即原始记录性。档案事业的发展为近代社会提供了重要的文化资源。[①]

---

① 孙佳源.浅谈档案事业对近代中国社会的影响［J］.档案天地，2019（6）：34—36.

（四）对现代档案管理事业的启示

近代档案事业的发展与社会进步紧密相连，呈现出一种与时俱进的态势。它不仅涵盖了档案学科本身的进步与完善，更扩展到档案法制建设、档案信息资源的深度开发等多个维度。在信息化浪潮席卷全球的今天，档案信息资源的开发利用显得尤为重要。它已经成为档案事业发展的核心要素，为社会的知识积累、文化传承提供了宝贵的资源。

档案法制建设在保护档案资源、确保其合理合法利用方面发挥着基础性作用。它不仅规范了档案工作的流程，还保障了档案信息的安全性和可靠性，为档案事业的健康发展提供了坚实的法律支撑。同时，借鉴和吸收先进的科学理念是推进档案事业现代化的关键所在。我们应该以开放的姿态，积极引进国内外档案管理领域的先进经验和技术，不断提升档案工作的科技含量和专业化水平。

研究近代档案事业的发展特点，其意义远不止于对历史的回顾和总结。更重要的是，通过深入挖掘历史经验，我们可以为解决现代档案工作中遇到的实际问题提供有益的参考和启示。在实际工作中，我们要继承和发扬近代档案事业的优良传统，尤其是面对数字化档案建设这一新领域时，我们要敢于探索、勇于创新，善于将新技术与传统档案管理相结合，以适应信息时代对档案工作提出的新要求。

综上所述，我们应当全面重视档案科学的发展，加强档案法制建设，促进档案信息资源的开发利用，并通过借鉴先进科学理念推动档案事业的现代化进程。这样，我们才能更好地履行档案管理职责，为社会的文明进步和人民群众的美好生活贡献力量。

三、现代档案管理

1949 年，中华人民共和国成立，标志着中国历史翻开了崭新的一页。这为档案管理事业注入了新的活力。中国政府深刻认识到档案管理对国家发展和社会进步的重要性，因此给予了极高的重视和大力的支持。在这一背景下，档案管理迎来了前所未有的发展机遇。

为了规范和完善档案管理的体制和制度，中国政府相继颁布了一系列重要的法律法规，如《中华人民共和国档案法》《机关档案工作条例》等，确立了档案管理的基本框架和机制。除了法律法规的完善，中国档案学的教育和研究也呈现出迅猛发展和壮大的趋势。各级政府和教育机构高度重视档案学专业人才的培养，纷纷开设档案学课程，加强档案学学科建设。同时，档案学研究者也积极探索新的档案管理理念和技术手段，推动档案管理向现代化、科学化方向迈进。在一系列举措的推动下，我国档案事业取得了长足的进步和发展。档案管理的体制和机制逐步健全，档案管理人员的素质和能力不断提升，档案管理技术和手段不断更新。这些成就不仅为我国档案事业的蓬勃发展奠定了坚实的基础，也为档案管理的创新与进步提供了有力的保障和助力。

回顾过去，我们可以清晰地看到中国档案管理事业取得的辉煌成就。展望未来，我们有理由相信，在各级政府和社会各界的共同努力下，我国档案管理事业将继续保持蓬勃发展的势头，为国家的繁荣富强和社会的进步发展做出更大的贡献。

（一）现代档案管理的特点

当前社会正经历着数字化、信息化和网络化的快速发展，这使得档案管理领域呈现出全新的面貌。为了更有效地实施档案管理工作，需要确立一个完善的档案信息体系，以支撑管理目标的顺利实现。现代档案管理具有以下几个方面的显著特点。

首先，现代档案管理需要全流程化。这一要求意味着需要对档案的管理进行全面规划，包括统筹计划、细致组织收集、全方位汇总整理、专业存储保管、有效利用传播以及及时监察管理等多个环节，以确保每个步骤都能够得到细致的关注和恰当的处理，从而确保档案的完整性、真实性和可追溯性得到最大程度的实现。

其次，现代档案管理的环境正在日益向大数据智能化转变。在大数据浪潮的推动下，迫切需要实现智能化的数据分析、智能化的信息检索、智能化的数据比对以及智能化的知识发掘等功能，这些将共同助力实现人们对档案数据更高效、更精准的管理和利用。这一转变不仅将提升档案管理工作的效率和准确性，还能为相关研究领域提供更有力的支持。

再次，现代档案管理要求高度专业化。要做好档案管理工作，就必须关注大量微观细节。因此，需要一支高水准、拥有专业技能和丰富管理经验的团队来确保档案管理全流程的顺利进行。唯有具备专业素养的团队，才能有效保障档案管理工作的稳健进行。

最后，现代档案管理需要安全保密化。随着信息化时代的到来，需要更重视档案信息的安全性。要确保档案信息不被非法泄露或受到不良影响，需要采取具体的措施来保障档案信息的安全。随着信息技术的不断进步和发展，现代档案管理已经从传统的纸质档案管理转变为数字化、信息化管理。现在，电子档案已经成为主要形式，并且可以实现档案信息的快速处理、存储、检索和利用，从而极大地提高了档案管理的效率和信息服务水平。在现代档案管理中，我们不再局限于简单的文件存储和检索，而是需要建立一个完整的档案管理系统，包括档案的收集、整理、分类、保管、利用和销毁等全方位管理，以确保档案信息的完整性和安全性得以永久维护。

综上所述，现代档案管理具有全流程化、大数据智能化、专业化和安全保密化的特点。只有建立完整的档案信息体系，并且注重人才培养和安全保障，才能更好地实现档案管理的目标，为社会发展提供有力支持。

（二）现代档案制度的发展

1. 起步阶段

自中华人民共和国成立以来，档案工作一直备受党和国家的高度重视。1949 年 11 月，中央人民政府政务院秘书厅成立了档案科。1951 年 5 月，故宫博物院文献馆改为档案馆，为历史档案的保存和利用奠定了基础。1952 年 4 月，中央政府决定委托中国人民大学开设档案专业，为培养档案干部提供了有力支持。同年 11 月，中国人民大学专修科成立了档案班，标志着新中国档案高等教育事业的诞生。1954 年 11 月，第一届全国人民代表大会常务委员会通过决议，批准设立国家档案局，为全国档案事业的发展提供组织保证。1955 年 1 月，中共中央批准印发《中国共产党中央和省（市）级机关文书处理工作和档案工作暂行条例》，为全国档案事业的建立提供制度保障。同年，国务院和高等教育部决定将中国人民大学专修科档案班升格为档案系，为全国档案事业的长远发展提供人才支持。1956 年，国务院常务会议通过了《关于加强国家档案工作的决定》，这是我国第一个专门针对档案工作的法规文件，也是我国档案法规政策体系的重要组成部分。1954 年 11 月，中央批准在中央办公厅秘书局下设党的中央档案馆筹备处，并于 1959 年 10 月正式开馆。同时，全国档案资料工作先进经验交流会也在 1959 年召开，会议提出了"进一步提高档案工作水平，积极开展档案资料的利用工作，为社会主义事业服务"的方针，这标志着档案工作的重点从收集保管转向开发利用。会议强调让档案和档案工作在经济建设、工作查考、宣传教育、科学研究等方面发挥作用，以突显档案事业发展的重要性。

2. 恢复发展时期

改革开放后，档案事业有序开展。全国各地档案工作者掀起学习与研究档案学的热潮，国家档案局和中共中央办公厅秘书局开始举办各类档案业务讲座、培训班，提高档案工作者的业务水平与专业能力。1979年，曾三、张中、裴桐、吴宝康、韩毓虎等21位档案界人士发起筹备档案学术研究团体——中国档案学会，各省（市）也陆续成立具有地域工作特色的地方性档案学会，全局性、系统性拓展着档案事业的各项工作。1980年2月，中共中央、国务院批转国家档案局《关于全国档案工作会议的报告》，明确档案工作是一项重要的专门事业，为今后开展档案工作、发展档案事业提供准则和指导。1980年5月，中共中央书记处第二十一次会议作出"开放历史档案"的决定，为档案开放利用工作指明了发展方向。1980年7月，全国科学技术档案工作会议召开，《科学技术档案工作条例》在会上通过并报国务院批准后颁布执行，有力地推动了全国科技档案工作的开展。

3. 法治建设时期

1987年，我国首次颁布《中华人民共和国档案法》，该法成为档案工作法律保障管理的重要依据，为档案事业的发展奠定了法律基础。1999年，我国又颁布《中华人民共和国档案法实施办法》，进一步规范和指引全国档案事业的各项建设。在《中华人民共和国档案法》和《中华人民共和国档案法实施办法》的基本规定及指导下，1995年，中国第一部地方性档案法规《上海市档案条例》经上海市人民代表大会常务委员会通过，此后各地纷纷出台地方性档案法规。1996年，第八届全国人民代表大会常务委员会第二十次会议通过了关于修改《中华人民共和国档案法》的决定，对档案法的内容作出调整与修改。同时，档案领域根据全国档案工作情况与社会发展需要，结合档案工作实际与地方档案事业发展特点，陆续制定了各类部门规章、规范性文件与地方性规章等，为档案工作发展与档案事业建设奠定了坚实的法治基础。

4. 创新发展时期

2014 年，中共中央办公厅、国务院办公厅联合印发《关于加强和改进新形势下档案工作的意见》，为深入推进档案事业的发展提供基本遵循，重点在档案资源建设和开发利用等方面持续发力，强调档案工作在经济建设、社会发展、文化传承等领域的作用。2016 年，国家档案局印发《全国档案事业发展"十三五"规划纲要》，对档案工作的发展提出了更高的要求。随着党和国家的事业发展迈入新阶段，档案事业也得到了创新发展。2018 年，在深化党和国家机构改革的背景下，地方档案管理体制由"局馆合一"转向"局馆分设"，促进档案局馆准确定位和局馆协同发展，推动档案管理体制机制创新发展与健全完善。2021 年，中共中央办公厅、国务院办公厅联合印发《"十四五"全国档案事业发展规划》，将推动档案事业的发展上升为国家战略，为全面推进"四个体系"建设提供明确方向和目标。

随着信息技术进步和经济社会发展，档案工作环境和要求发生巨大变化，多重因素推动档案法修订。2020 年，全面修订后的《中华人民共和国档案法》正式颁布并施行，这是对国家发展需要与社会建设需求的适应性调整，有利于进一步促进档案和档案工作在党和国家的事业发展中发挥基础性作用。并且，与之相配套的档案规章制度和标准规范建设也在稳步推进，在档案领域形成了"依法管档、合法行政、规范运行"的良好氛围。由此可见，我国由早期的档案"法制"建设逐步转向顺应党和国家事业发展需要的档案"法治"建设，与新时代档案工作的现代化发展相适应，为档案事业的转型升级提供坚实保障，为中国档案事业的现代化建设提供强有力支撑。

5.档案建设新时代

党的十八大以来，档案馆建设稳步推进，形成了从中央到地方、从综合到专业、从实体到数字的档案馆网。特别是在民生档案、革命历史档案、红色档案、科技档案等各类档案资源建设方面取得长足发展。例如，众多反映人民群众生活的民生档案归集进馆，有效拓宽了档案资源的收集范围，真正做到了"为民建档、为民服务"。同时，启动新时代新成就国家记忆工程、国家重点档案保护与开发工程、档案文化遗产影响力提升工程等。数字档案馆（室）建设不断推进，建成一批国家级示范数字档案馆（室），驱动档案管理的数字化、智能化发展，极大地提高了档案资源的开发利用水平，实现了信息化建设与档案工作的深度融合，支撑档案工作更好地服务党和国家的事业发展。

为贯彻习近平总书记对档案工作的重要批示精神、落实《"十四五"全国档案事业发展规划》的相关要求，2021年，中国人民大学成立档案事业发展研究中心，致力于打造中国特色新型档案智库，为档案事业高质量发展提供智力支持。2022年，国家档案局启动档案系统"三支人才队伍"评选，有助于建设一批高素质、专业化的档案人才队伍，有利于激励档案工作者在新征程新阶段有所担当、有所作为。与此同时，全国档案高等教育取得长足发展，已有38所大学开设了档案学专业，建立了完善的本科、硕士、博士档案学专业人才培养体系。

党的二十大胜利召开，为中国式现代化新征程擘画蓝图，为中国档案事业现代化建设指明方向。档案部门在党的二十大精神和习近平总书记对档案工作重要批示精神的指引下，深入贯彻实施档案法，全力推动"十四五"档案事业发展规划落实。紧紧围绕为人民服务的理念，聚焦社会发展需要与人民群众需求，不断创新档案工作体制机制，提升依法管档治档水平，强化档案资源体系建设，全面记录好留存好新时代新征程伟大奋斗历史，管好用好各类档案资源，提升新时代档案事业服务党和国家工作大局的能力与水平。

随着信息技术的发展，数字化、智能化、现代化成为档案事业发展的方向和目标，加快推进档案信息化强基工程和科技兴档工程势在必行。新时代，档案部门更要坚决践行"党管档案工作"的原则，强化历史担当，讲好中国故事，坚定人民立场，推动档案工作走向依法治理、走向开放、走向现代化，提升档案服务经济社会发展、服务社会民生的效能。档案工作应始终坚持改革创新精神，紧跟新时代发展步伐，主动融入中国式现代化的历史征程，助推档案事业高质量发展，实现档案强国战略目标，为全面建设社会主义现代化国家赋能。①

第二节　我国档案管理的现状分析

我国档案管理的智慧化、信息化是时代发展的要求，面对数字化、网络化的新时代，传统的档案管理方式已经无法满足当今社会发展的需求。因此，对于我国的档案管理而言，必须进行现状分析和进一步的改革探索。在智慧化和信息化的推进过程中，我国的档案管理应该注重以下几个方面：建立完善的档案管理制度和规范化操作流程，落实档案的规范化、标准化、科学化管理；加强档案的收集、整理、编制与管理，采用先进的信息技术手段，使档案内容得到更准确、更全面、更方便的保存和管理；落实信息共享和交流机制，发挥档案信息资源的价值，将档案信息的应用推向更高层次；探索新型档案管理模式，充分利用信息技术手段，提高档案管理的水平和效率；推

---

① 定西市档案馆.档案事业发展的历史进程［EB/OL］.（2023-06-21）［2023-11-20］.http://dag. dingxi.gov.cn/art/2023/6/21/art_10552_1658866.html.

进档案数字化建设，实现档案信息资源的网络化、电子化和智能化，使档案管理更便捷、更可靠。目前，我国档案资源建设已取得了显著成果，各级各类档案机构遍布全国各地，档案馆藏总量逐年增加。在档案资源建设过程中，我国开始重视档案的分类、整理和归档工作，以方便检索并提高档案的利用价值。我国的档案管理应该不断创新，应该借鉴国际先进经验，积极推进智慧化、信息化改革，适应时代发展的需要，推动档案事业全面发展。在当前数字化、网络化的新时代，我国的档案管理已不再是简单的手工整理和管理，而是需要进行智慧化、信息化的改革，以更好地适应社会发展需求。因此，我国档案管理的现状需要得到全面深入的分析，以便及时进行改革探索。通过智慧化、信息化改革，更好地满足当今社会发展的需求。

一、现状分析

档案管理作为一种至关重要的信息管理手段，在各领域都得到了广泛应用。在我国，档案管理的历史可以追溯至远古时期的记载和记录活动。如今，随着数字化时代的到来，档案管理不断迭代更新。然而，结合现实情况，我国的档案管理面临一些问题。

（一）档案管理规模扩大，数量增多

近年来，我国的档案管理领域取得了很大进步，这一进步不仅体现在档案管理规模的不断扩大，更体现在档案数量的日益增加以及档案种类的多样化。

随着信息技术的迅猛发展和国家对档案管理工作的高度重视，无论是政府部门、商务机构，还是学校医院等各领域，档案数量都呈现出快速增长的

态势。这种快速增长主要有两个方面的原因：一方面，信息技术的飞速进步为档案管理提供了更便捷、更高效的手段，使得档案信息的收集、整理、存储和查询变得更容易。另一方面，国家对档案管理工作的高度重视，推动了档案管理领域的不断发展和完善。为了更好地满足人们对各类档案管理的需求，我国政府在不断加大档案管理领域的投入力度的同时，还建立了更周密、更完备的档案管理制度。这一系列的措施包括规范档案管理流程、完善档案目录和分类体系、提升档案保管及出借的安全性等。基于此，国家还积极推广电子档案管理技术，为档案管理提供更便利、更高效的工具。快速增长的档案管理规模和数量，不仅反映了社会发展的活跃程度，也折射出社会中激烈的竞争和多样化的需求。在这一背景下，政府和社会各界应当共同努力，加强档案管理领域的标准化建设和技术进步。通过制定更严格的档案管理标准和规范，推广先进的档案管理技术和方法，以更好地发挥档案的作用，为社会的持续发展和不断进步做出贡献。

同时，我们也需要认识到，档案管理不仅是记录和保存历史的过程，更是推动社会进步和发展的重要力量。因此，我们必须高度重视档案管理工作，不断提升档案管理水平，以满足社会对档案工作日益增长的需求。只有这样，我们才能更好地利用档案资源，为社会的繁荣和发展做出更大的贡献。

（二）传统档案管理手段存在问题

尽管档案管理工作的规模和数量呈现出持续增长的趋势，但传统的档案管理手段仍然面临一系列亟待解决的问题。传统的人工编制程序，不仅操作烦琐、效率低下，而且容易在编制过程中出现错误，最终影响档案管理系统的完整性和准确性。此外，烦琐的整理过程需要消耗大量的时间，这无疑限制了档案管理工作的效率。文件归档顺序的混乱也是一个不容忽视的问题。

由于缺乏统一、标准的归档规则，档案文件的顺序往往显得杂乱无章，这使得用户在查找特定文件时，需要在海量的档案中耗费大量时间进行筛选，严重影响了用户的使用体验。

随着科技的发展和社会的进步，档案文件的形态也日益多样化，如纸质文件、电子文件、多媒体文件等。这些不同类型的文件在查询和整理过程中需要采用不同的方法和策略，这无疑增加了档案管理工作的难度和复杂度。特别是在处理大量文件时，查询时间可能会变得非常长，从而影响了档案管理工作的效率。此外，传统的档案清点作业往往只局限于对存料箱的清点，缺乏对档案内容本身的科学化管理。这种做法会导致一些文件在清点过程中被遗漏或误放，这不仅会给档案管理工作带来困扰，更可能对工作造成不可弥补的损失。

因此，我们需要积极寻求新的档案管理手段，通过应用科技手段，使文件的归档、查询和管理工作变得更科学、更规范。先进的档案管理手段不仅可以提高档案管理工作的效率，减少不必要的资源浪费，还可以为用户提供更便捷、更高效的服务。

（三）电子档案管理趋势明显

随着信息处理技术的广泛应用，行政管理和商务活动中出现了电子政务和电子商务等现代化的管理方式。这一趋势产生了大量的电子档案，它们是具有保存价值并被归档保存的电子文件。值得注意的是，在计算机网络系统中，电子文件和电子档案是在同一个信息处理系统中进行管理的。例如，越来越多的企业开始将传统的纸质人事档案导入数字化的电子档案，并采用先进的人事档案管理系统进行集中管理。企业人事档案管理系统以电子档案管理为核心，实现了纸质档案的数字化转换，同时整合、归档和管理不同格式的电子档案。这一系统的应用，使得企业能够对员工档案进行全生命周期的管理，涵盖了员工的入职、晋升、离职等各个重要环节的信息。

电子档案管理不仅提高了档案管理的效率和准确性，更为企业带来了诸多优势。首先，它有效地保护了企业的档案信息安全，减少了档案遗失的风险。通过数字化管理和加密技术，电子档案确保了信息的安全性和完整性。其次，电子档案提高了档案管理的效率。传统的纸质档案需要人工查询，而电子档案可以通过关键词搜索、分类筛选等方式，快速定位所需信息，大大节省了查询时间。此外，电子档案还提供了在线授权、审批、归档等功能，使用户的使用和操作更便捷。最后，电子档案管理为企业带来了更广阔的应用前景。例如，在人力资源管理方面，企业可以通过电子档案系统对员工信息进行全面、准确的了解，为人才选拔、培训和绩效考核提供有力支持。在客户关系管理方面，电子档案可以帮助企业建立完整的客户档案，实现客户信息的集中管理和共享，从而提供更个性化的服务。

总之，随着信息处理技术的不断发展，电子档案管理已经成为现代企业和组织不可或缺的一部分。它不仅提高了档案管理的效率和准确性，也为企业带来了更多的商业价值和竞争优势。未来，随着技术的不断创新，电子档案管理将继续发挥更大的作用。

（四）档案管理存在信息安全风险

档案安全管理是确保档案及其内容的安全性的手段，避免发生任何可能对档案造成损害的风险。为实现这一目标，各级各类立档单位和国家档案馆均秉持"以人为本、服务为先、安全第一"的核心战略。这一战略强调了人在档案管理中的重要性，以服务的优先性以及安全性作为一切工作的基础。在实施这一战略时，相关单位会依据安全理论、法规政策以及规范标准等，对档案及档案信息系统进行全面的安全保障。档案安全管理的基本内容涵盖了三个主要方面。首先，为了保障档案实体的安全，必须采取有效的保护措施，确保档案不受自然灾害或人为破坏的影响。这包括对档案存储环境的控制，如温度、湿度、光照等，以及防范火灾、水灾等自然灾害的措施。同时，还要加强档案的日常管理和维护，防止档案被盗、丢失或损坏。其次，档案信息系统的安全同样至关重要。在档案的接收归档、整理鉴定、存储保存、利用服务以及风险管控等各个环节中，必须确保档案信息系统不被非法获取或篡改。这要求加强对档案信息系统的安全防护，如采用加密技术、设置访问权限等，以防止未经授权的访问和修改。同时，还要确保合法用户在需要时能够顺利访问和使用档案信息系统，避免出现拒绝服务的情况。最后，为确保档案安全，还需要采取专项管理策略、技术手段和措施。这包括建立完善的档案安全管理制度和流程，明确各级人员的职责和权限；加强档案安全培训和教育，提高员工的安全意识和技能；定期进行档案安全检查和评估，及时发现和排除安全隐患；采用先进的技术手段和设备，如防火墙、入侵检测系统等，以提高档案安全管理的效率和水平。

档案管理作为一项重要的组织和社会工作，涉及大量敏感信息的处理，包括个人隐私、财务记录、公司机密等。然而，在信息化时代，档案管理面临越来越多的信息安全风险，包括黑客攻击、病毒感染、数据泄露等，已经成为档案管理工作中的重要挑战。这些安全威胁，关乎档案信息的泄密、篡改、损坏或丢失，可能给组织和社会带来严重的损失和影响。因此，为了保证档案信息的安全性和完整性，推进档案管理的信息安全化成为必须之举。在推进的过程中，需要加强信息安全管理，并采取有效的措施来预防和处理各种安全威胁。以下是一些常见的措施。

1.加强系统安全验证措施

可以使用各种不同的方法来验证操作者的身份，比如密码、指纹、卡片等。这些多元化的身份验证手段，确保只有经过授权的人员才能够访问和操作档案系统，有效地降低了非法访问的风险。这种方式不仅能够加强档案管理工作的保障程度，提升档案系统的安全性，同时也为档案管理工作带来更便捷、更灵活的处理方式。操作者在使用这些方式身份验证时，可以根据实际情况进行选择，并有效地实现对档案系统的全面保护，从而保护档案信息的完整性和机密性，确保档案数据的安全可靠性。

2.定期更新防病毒软件

在保护档案系统免受病毒、木马以及其他恶意程序侵害方面，一个至关重要的举措是安装并定期更新防病毒软件。这样做可以有效地检测和清除潜在威胁，进而确保档案信息的安全。不仅如此，软件的安装和更新，可以加强系统的安全性，提高其对各种恶意程序的抵抗力。此外，定期更新软件版本还可以确保防病毒软件能够及时识别和应对更加复杂和隐蔽的病毒攻击方式。因此，安装并定期更新防病毒软件是一种高效的预防措施，是保护档案系统与档案信息免受各种威胁的重要手段。

3.加密敏感数据

对包含敏感信息的档案进行加密处理是一种非常有效的安全措施，专门用于保护这些敏感信息不被未经授权的人员访问和操作。实施加密处理能够防止未被授权的个人或恶意攻击者泄露或篡改这些敏感数据。这种安全措施不仅提高了档案信息的保密性，而且确保了档案信息的完整性。只有授权人员才能成功解密并访问这些档案，而其他任何人或恶意活动都无法破解加密算法或绕过访问权限。因此，加密处理对保护敏感信息至关重要，是现代档案管理中不可或缺的关键环节。

4. 建立档案管理的审计制度

定期对档案系统进行审计是确保信息安全性和可靠性的重要手段。在信息化时代，档案系统作为企业和组织的重要信息存储和管理平台，其安全性和可靠性对企业和组织的正常运营至关重要。档案系统审计制度的建立与实施，可以及时发现和处理异常情况，确保档案信息的完整性和机密性。首先，审计制度的实施可以为档案管理工作提供有效的监管和保障。通过定期对档案系统进行审计，档案管理人员可以及时发现和纠正档案管理中存在的问题和不足，确保档案管理的规范化和标准化，促进档案管理工作的透明度和公正性，避免人为因素对档案管理工作的影响。其次，审计制度的实施可以促进档案信息管理的规范化，避免随意修改或删除信息等不规范行为的发生。最后，审计制度的实施可以促进档案管理工作的改进和提高，促进档案管理工作的创新和发展，推动档案管理工作的现代化和智能化。

5. 定期备份档案数据

定期备份档案数据是一项非常重要的措施，它不仅可以在系统故障、数据丢失或攻击事件发生时提供恢复档案数据的能力，还能为档案信息的完整性提供保障。这种方式能够有效地提高档案管理的信息安全水平，为组织和社会提供更可靠的档案服务，让档案数据得到更好的保护和管理。在遇到任何突发事件或安全威胁时，备份的档案数据可以帮助快速恢复，确保档案信息不会丢失或遭受损坏，从而保证组织和社会的正常运转。因此，要密切关注档案数据的备份工作，并且确保备份的频率和方式能够满足需求，以最大限度地减少潜在的风险和损失。只有加强档案数据的备份工作，才能建立起一个强大而可靠的档案管理体系，为信息安全提供充分的保障，为社会发展提供更好的支持。所以，备份档案数据不仅是档案管理的一项基本工作，也是履行信息管理责任的必要举措。只有不断改进和完善备份措施，才能为组织和社会提供更可靠的档案服务。

（五）档案管理人才培养和管理不足

在当今社会，信息技术的迅猛发展使得档案管理成为各领域不可或缺的核心工作。无论是政府、企业，还是教育、医疗等行业，都需要对大量的档案信息进行高效、安全的管理。然而，随着档案数量的不断增长，档案管理人才的短缺问题日益凸显。对此，相关部门必须采取切实措施，加强档案管理人才的培养和管理。

档案管理并非简单的资料整理工作，它要求从业人员不仅具备专业的档案管理知识，还需要拥有高水平的管理能力。遗憾的是，当前许多档案管理人员在管理知识和技能方面存在不足，这在一定程度上制约了档案管理工作的开展。因此，开展针对性的培训和教育显得尤为重要。通过定期举办培训班、研讨会等，帮助档案管理人员提升专业知识和管理技能，使他们更好地适应信息化时代的发展需求。

在加强档案管理人才培养的同时，对档案管理人员的日常管理也不容忽视。要制定科学、合理的工作流程和管理制度，确保档案管理的各个环节都能得到有效衔接和协同。此外，相关部门应加强对档案管理工作执行情况的监督和评估，及时发现问题并进行整改，确保档案管理工作的规范性和高效性。面对信息化时代的档案管理挑战，我们还可以借助一些新的技术手段来提高档案管理的效率和安全性。例如，电子化管理可以实现档案信息的快速采集、存储、检索和传递，大大提高工作人员的工作效率。同时，先进的技术手段如数据加密、权限控制等，可以确保档案信息的安全性和保密性。

总之，加强档案管理人才的培养和管理，利用技术手段提高档案管理效率，是应对当前信息化时代档案管理挑战的关键。只有不断提升档案管理人员的素质和能力，才能确保档案管理工作的顺利开展，为各个领域的发展提供有力支持。

二、制度建设

档案作为记录组织或机构生产和活动的重要载体，承载着丰富的历史价值和文化遗产。每一份档案都如同时间的印记，为我们提供了解过去、洞察现在、预见未来的宝贵资源。这些档案不仅记录了组织或机构的发展历程，更反映了其文化积淀和精神传承。随着社会的不断进步与发展，人们逐渐认识到档案资源的独特价值和重要性，以及对其进行合理保护和管理的紧迫性。档案不仅是组织或机构的宝贵财富，更是其未来发展的基石。因此，为了确保档案资源的安全、完整和可持续利用，需要建立和实施档案管理制度。档案管理制度是组织或机构为了妥善保护和管理档案资源而制定的一系列政策、法规、规程和制度。这些制度旨在明确档案管理的责任主体、规范档案的日常管理流程、确保档案的长期保存和有效利用。通过建立和执行这些制度，组织或机构能够形成科学、规范的档案管理体系，为档案的保护和利用提供坚实的制度保障。

（一）档案制度建设

我国档案法制建设逐步完善，已形成了较为完整的档案法律法规体系。在法律法规的保障下，我国档案管理工作逐步走上了规范化、制度化的轨道。我国档案管理的制度建设内容主要包括法律、规章和标准三方面。目前，《中华人民共和国档案法》是中国档案管理制度的基本法律，同时也有相关的规章和标准，如《实物档案数字化规范》《纸质档案数字化规范》等。这些法律、规章和标准为档案管理提供了法律和技术保障，主要体现在以下三个方面。首先，法律方面是中国档案管理制度的重要组成部分之一。我国依据《中华人民共和国档案法》《中华人民共和国保密法》等法律法规，明确了档案管理体系、档案保密、档案公开和档案利用等方面的规定，为档案管理提供了法律保障。其次，规章方面是中国档案管理制度的重要补充。各级档案机构通过制定地方性规章制度，完善了档案管理的各项制度体系，为规范档案管理、提升档案管理水平提供了有力支撑。例如，各级档案馆在制定管理办法和工作细则时，针对不同的档案类型和内容，确定了不同的管理要求和技术规范，使档案管理更科学规范。最后，标准方面是中国档案管理制度的重要技术支撑。我国档案工作者制定了大量的档案标准，如《电子文件归档与电子档案管理规范》等，这些标准规范了档案的格式、存储、转换等技术细节，保证了档案的真实性、完整性和可靠性。

（二）档案信息化发展与应用

随着信息技术的不断发展，我国档案信息化建设迎来了新的发展机遇。近年来，各级档案部门不断加大信息化建设力度，积极采用数字化、网络化、智能化等技术手段，有效提高了档案信息的存储、传输和利用效率。在当前的信息时代，数据化和智能化成为档案信息化建设的新趋势。这一转变不仅有利于档案管理工作的全面推进，也为相关领域的发展带来了新的契机。除此之外，我国档案信息化建设开始探索区块链、人工智能等新技术在档案管理领域的应用。例如，区块链技术可以实现档案信息的安全存储和可追溯性，有效杜绝档案信息被篡改或丢失的风险；人工智能可以通过语音识别、图像识别等技术手段，实现档案信息的自动化处理和快速检索，大幅提升档案管理的效率和精度。

我国档案管理的应用包括开放、服务和共享三个方面。在开放方面，2019 年，国务院公布了修订后的《中华人民共和国政府信息公开条例》，其中第三章第二十五条规定："各级人民政府应当在国家档案馆、公共图书馆、政务服务场所设置政府信息查阅场所，并配备相应的设施、设备，为公民、法人和其他组织获取政府信息提供便利。"① 在服务方面，中国档案馆也提供了一系列服务，如读者证申请、档案查阅等。在共享方面，中国档案馆通过建立统一的档案库、数字化档案服务平台、档案资源共享渠道等，促进档案资源的整合与共享。

现代社会信息化程度不断提升，档案管理作为一种重要的信息资源管理方式，得到了越来越多的关注。在我国，档案管理的应用已经开始逐步普及，但是在实践中还存在一些问题。首先，需要通过信息化技术手段实现对档案信息的全面管理。在实际操作中，我们需要根据不同的档案类型和需求，采用不同的信息技术手段，确保档案的信息化管理能够真正起到优化管理效率的作用。其次，需要充分考虑档案保密和安全的需求。对于一些重要的档案资料，必须严格控制访问权限，并采取相应的加密措施。除了技术手段上的保障，相关人员也需要严格遵守保密制度，以保证档案信息不被泄露。最后，需要进一步加强档案数字化与标准化建设。只有通过数字化和标准化的工作，才能够保证档案信息的质量和可靠性。我们需要建立完善的档案管理制度，规范档案管理的流程和标准，加强对档案管理技术的研究与开发，促进我国档案管理的不断发展和进步。

---

① 国务院 . 中华人民共和国政府信息公开条例［EB/OL］.（2019-04-15）［2023-11-23］.https://www.beijing.gov.cn/zhengce/zhengcefagui/201905/t20190522_61986.html.

（三）档案人才培养

近年来，我国档案人才培养获得突破性成果，呈现蓬勃发展的趋势。我国档案事业在信息化时代崛起和快速发展，对档案人才质量、数量上的要求越来越高，档案专业人才的培养需要从传统的技术型向知识型、创新型转变，引领档案事业不断发展和壮大。事实上，我国档案管理的发展越来越成熟，档案的保护与利用也越发受到重视。而档案管理的高质量发展离不开一支具备创新能力、宏观视野和系统理解能力的档案人才队伍。因此，为了满足社会日益增长的需求，培养优秀的档案人才已经成为非常重要的任务。

目前，我国高校的档案人才培养工作已经取得了很大的进步，这表现在以下几个方面。首先，在培养模式方面，高校针对档案人才需求的不同层次和类型，不断地进行优化和创新，推出各种专业课程和教育方案，提高学生在专业知识、职业素养、实践能力等方面的综合素质。其次，在培养质量方面，高校加强对学生的管理，严格考核制度和课程设计，提供更具有挑战性和实用性的教育方案，确保学生在毕业后能够顺利进入工作岗位。最后，在人才培养的多元化方面，高校通过实行产学研一体化，提高教学质量与学习效果，同时重视开展国际交流与合作，提高学生的全球化视野和综合水平。可以预见，随着档案事业的不断发展，我国档案人才培养的进程也将持续推进。只有不断创新和完善档案人才培养体系，才能为档案行业的高质量发展奠定坚实的基础。

三、技术的进步

随着信息技术的飞速发展，数字化管理已成为现代档案管理的趋势之一。传统的档案管理方式已经不能完全满足日益增长的信息需求和管理要求。针对这种情况，必须寻找新的技术手段来提高档案管理的效率。数字化技术作为其中的重要手段之一，受到了广泛的关注和应用。事实上，中国档案局已经开始全国档案普查信息化管理系统建设的工作，这是自《中华人民共和国档案法》实施以来的第一次大规模信息化尝试。此外，中国档案局还在积极推进档案数字化、电子档案管理、互联网公开等方面的工作。通过引入这些先进技术，使档案管理变得更便捷、更快速，同时也拓展了档案的应用范围。

数字化档案管理的优势主要表现在两个方面：一方面，将原本大量的纸质档案转换成电子文件，使其存储、检索和利用更便捷、更快速；另一方面，数字化档案具有防篡改和安全备份等多重优势，为档案保护和管理提供了强有力的保障。此外，数字化档案还能够实现去中心化存储，避免了单点故障和数据篡改的问题，同时保证档案的安全性和可靠性。除了数字化技术，人工智能技术和区块链技术也在档案管理领域不断发展，为档案管理带来了诸多创新思路和解决方案。通过借助人工智能技术，可以实现档案分类、内容提取、关键词标注、自动校对等多种操作。数字化管理为我国档案管理带来了许多机遇和挑战，我们需要继续加强档案管理系统的建设，从而更好地满足人们对档案信息的需求，促进社会的发展和进步。

四、档案管理面临的新挑战

过去的几十年中，档案管理一直是一个备受关注的话题。许多学者和研究者已经进行了大量的研究，包括档案管理的概念、原则、方法和技术等。例如，如何更好地利用数字技术，实现档案的数字化，推进档案管理的信息化。此外，档案数据的安全性和保密性也需要进一步加强。档案管理作为现代信息社会的重要组成部分，受到越来越多的关注。

本部分旨在探讨数字时代下档案管理面临的问题和挑战，并提出相应的解决方案。具体目标包括：①分析数字时代下档案管理的特点和新趋势；②探讨数字时代下档案管理的问题和挑战；③提出数字时代下档案管理的创新方案；④对档案管理进行综合评估和优化。

我国的档案管理在数字化转型的进程中面临各种挑战，但是其发展趋势是积极向好的。我们期待着，未来的中国档案管理能够在一个更稳健的基础上，继续发挥更广泛、更深刻的影响。

第三节　我国档案管理的经验与启发

随着数字化技术的迅猛发展和广泛应用，我国的档案管理领域正迎来前所未有的深刻变革。档案管理作为一项综合性强、内容广泛的工作，与国家发展和社会进步紧密相连。在我国档案管理的发展过程中，我们积累了许多宝贵的经验和启示。这些经验和启示为今后的档案管理工作提供了有益的借鉴和参考，同时也为其他国家的档案管理提供了有益的经验分享。

一、转变管理观念

档案承载了单位发展的众多关键信息，成为各项工作和决策的重要参考。在信息化浪潮席卷全球的今天，资料信息数量之大、增长之快，让人应接不暇。如何迅速整理这些信息，如何充分发挥档案资源的价值，成为摆在我们面前的一大挑战。为此，需要从以下几个方面转变管理观念。

首先，必须正视档案管理工作的重要性，将其置于战略地位。档案管理不仅是一项日常工作，更是单位发展的重要支撑。档案管理可以系统地收集、整理和利用各类信息，为单位的决策提供全面、准确的数据支持。

其次，需要摒弃传统的管理方法和模式，接受现代化的管理理念。传统的档案管理方式往往效率低下，难以满足现代社会的快速发展需求。因此，要积极引入现代化技术手段，如数字化、信息化等，实现档案管理的现代化转型。

最后，应当提升档案管理信息化水平，充分发挥信息技术的优势，实现档案的高效管理，还要显著提升服务质量。档案管理的信息化可以更便捷地为用户提供档案查询、借阅等服务，满足用户日益增长的信息需求。同时，大数据、人工智能等技术可以对档案信息进行深度挖掘和分析，为单位的决策提供更有价值的参考信息。

二、加强档案管理软件的兼容性

在档案管理现代化进程不断发展的今天，信息化和数字化建设已然成为我们工作的核心要点，同时也是档案管理事业发展的必然趋势。这一变革不仅代表着技术手段的更新，更意味着管理理念和服务模式的全面升级。信息化管理水平的提升，对于档案管理而言，具有深远的意义。它不仅能够促进档案资源的共享应用，打破"信息孤岛"，实现资源的优化配置，更能充分彰显档案资源的价值，为单位的决策和各项工作的开展提供有力支撑。

在档案信息化管理过程中，软件技术得到了广泛应用。这些软件技术不仅提高了管理效率，还方便了档案资料的快速检索和应用。为了实现档案资料的共享传递，我们需进行系统化的软件设计开发。在设计过程中，应该特别关注软件的兼容性，确保各类档案信息资料在数据库中能够得到高效利用。

三、提高档案安全管理水平

多种先进的技术、软件和设备的应用，为档案管理工作带来了前所未有的便利，极大地提升了档案资料的管理与利用效率。然而，这些技术、软件和设备在提供便利的同时，也难免受到网络环境中复杂多变因素的影响，存在一定的安全隐患。这些隐患如果不能得到有效解决，就会对档案资料的完整性、真实性造成威胁，进而影响档案管理工作的整体质量。因此，在档案管理信息化建设的过程中，我们必须将安全管理置于首要位置，强化保密措施，确保管理系统中档案信息数据的完整性、真实性与准确性。这就要求我们改变过去的管理思想与理念，深入理解信息化建设的内涵与特点，对可能发生的安全风险保持高度警惕。同时，我们还需要树立强烈的安全意识，将安全管理融入日常工作的方方面面，确保各项管理措施能够得到充分落实。

为了实现这一目标，我们需要积极采用多种先进技术，通过信息加密、安全验证等方式，对档案信息进行有效保护。这些技术手段不仅能够提高档案信息的安全等级，还能够在出现安全问题时迅速定位并处理。此外，我们还应加强网络监控，对档案管理系统的运行状态进行实时监控，以便能够及时发现和处理潜在的安全问题。

四、统一档案管理信息化的标准

制定统一的管理标准对于档案管理工作而言至关重要。它不仅能够清晰地规定各项管理工作的开展标准，确保具体的工作内容得以明确，还能使每一项工作都能够真正落到实处，达到预期的效果。在现代科技迅猛发展的背景下，档案管理也获得了前所未有的技术支持，信息化技术的融入给档案管理工作带来了革命性的变革。然而，在融入信息化技术的过程中，我们也必须制定具有针对性的管理标准，以实现对整个档案管理信息化建设过程的规范和约束，确保每一项工作都能按照既定的标准和流程进行。

因此，编制统一的管理细则显得尤为重要。单位对内部档案管理工作进行细致规划后，可以确保每一项工作都有明确的指导原则和操作规范。同时，我们需要依据相关标准，进一步完善信息化管理工作体系，促进档案管理工作的协调、有序开展。此外，档案管理中涉及的信息资料类型繁多，要实现全面收集、整理与利用，我们必须重视对管理职责的清晰划分。明确各部门的职责和权限，可以促进这一工作的充分落实，确保各部门之间的协作与配合。同时，各部门档案资料的集中管理，不仅有助于提高管理效率，更能确保档案信息的一致性和连贯性，为单位整体稳定运营提供有力保障。

五、健全档案管理体制

为了推动档案管理信息化建设工作的顺利开展，确保其能够迅速适应时代的发展步伐，为单位的创新变革提供坚实支撑，建立完善的管理制度体制是必要的。这一制度体制的建立，不仅使档案管理工作在实际开展中有了明确的规范和指引，确保整个过程的科学性与规范性，还为该工作后续的稳定发展提供了坚实的制度保障。在信息化时代背景下，与档案管理相关的法律法规的不断完善，为我们制定管理制度提供了重要依据。因此，单位档案工作也应紧跟时代步伐，以这些法律法规为基石，对以往的管理制度进行深入的更新与优化，使其更符合单位现代化发展的要求。

在建立档案管理制度时，通常会根据档案资料的不同类型和管理要求来制定相应的制度。这些制度不仅会对档案管理工作进行统一规划，明确管理标准和归档格式，还能确保每一环节都得到严格落实与有效监管，从而显著提高管理效率。完善的管理制度体制，能够为档案管理工作提供有力的制度保障，确保其在信息化建设中发挥最大效能。同时，这也将推动档案管理工作不断向规范化、科学化、高效化的方向发展，为单位的长期稳定发展奠定坚实基础。

六、提升管理人员的专业能力

档案管理人员作为档案工作的核心力量，其专业能力和信息化素养对档案工作开展的质效具有至关重要的影响。在当前信息化时代背景下，为有效解决档案管理信息化进程中存在的问题，实现信息技术的高效运用，我们必须重视提升管理人员的专业能力和信息化素养。

首先，加强对管理人员的专业化培训。单位应根据档案管理工作开展的实际需求，制定具体的培训内容，包括档案管理专业知识、信息技术应用技巧等，确保这些知识能够有效传递给每一位管理人员。同时，单位也要注重培养管理人员的计算机技术和网络技术应用能力，使他们能够熟练运用这些先进技术开展档案管理工作。

其次，为了激发管理人员的工作热情，促进他们在工作中持续革新，单位需要建立科学的考核制度。单位通过对管理人员的工作情况进行细致考核，准确评估他们的工作表现，根据考核结果给予适当的奖惩。这种奖惩机制不仅能够激励管理人员更努力地工作，还能够推动他们不断提升自己的档案管理能力和水平。

最后，为了进一步提升管理人员的专业技术水平，可以为他们提供外出学习和技术交流的机会。通过参加行业内的学术交流活动、参观考察其他单位的先进管理经验等，管理人员可以不断拓展自己的视野，了解最新的档案管理技术和方法，从而全面提升自己的管理技术水平。[①]

---

① 朱劲松.信息时代档案管理工作面临的问题及对策分析［J］.秦智，2023（10）：134-136.

第二章 档案智慧化管理的创新与发展

随着信息技术的不断发展，档案智慧化开发利用已经成为当今社会必不可少的一部分，档案智慧化已然成为档案管理的重要发展方向。所谓档案智慧化，就是利用信息技术手段对档案进行数字化、智能化处理和管理。这种处理方式有利于提高档案存储、检索等方面的效率，加强档案保管的安全性和可靠性，促进档案资源的共享和传承。

档案智慧化的实现需要借助先进的技术手段和工具。首先，对档案内容进行数字化处理。纸质档案进行扫描和识别后，转换为电子文件，以方便我们更好地存储和管理。其次，对档案进行智能化标注和分类。采用数据挖掘等技术对文档进行自动化分类，能够提高档案检索的效率和准确度。最后，档案智慧化还需要借助云计算、大数据分析等技术，对档案信息进行整合与分析，为历史研究、文化传承等提供更精准、更可靠的数据支撑。

在档案智慧化的推进过程中，也面临一系列的问题和挑战。其中，安全性是最重要的一个问题，档案的保密性和隐私性也受到极大的关注。同时，数字化技术的推广需要消除传统习惯的阻力，不断提高管理人员的数字素养和技术水平。

第一节　档案管理模式的创新

随着信息时代的到来，档案管理也迎来了新的发展机遇。传统的档案管理模式已经难以适应日益增长的信息量和快速变化的信息技术，必须创新管理模式。例如，基于云计算技术的档案管理模式是当前的热门方向。云计算技术可以实现档案的数字化、网络化和智能化。云端存储也实现了档案管理的共建和共享，方便多个部门或用户同时访问。同时，基于大数据分析的档案管理模式也逐渐成为趋势。利用大数据分析技术，可以提取档案中的关键信息，进行分类和分析，辅助政府和企业制定科学决策。这种档案管理模式还可以基于预测分析，主动发现风险和问题，提高管理的精度和实效。而基于区块链技术的档案管理模式也开始出现。区块链技术可以保证档案的安全性和不可篡改性，防止恶意攻击和数据泄露。此外，基于区块链技术为数字签名打时间戳，可以有效解决档案的真实性和合法性问题，为司法活动等提供有力支持。通过运用这些技术，可以实现档案信息的快速采集、分类整理和检索，大大减轻工作负担，提高档案管理效率。只有不断提升档案管理水平，才能更好地为我国的经济建设和文化事业发展服务。

一、建立规范的管理机制

在对档案管理模式进行全面创新以前，尤其是档案信息化建设过程中，我们需要从实际出发，建立规范的管理机制，明确相关责任，保障网络及数据的安全运行。

制定适应信息化建设的档案管理制度，包括健全和完善档案管理业务流程和技术规范，细化电子档案工作环节和步骤，制定必要的安全措施以确保电子档案的安全性与完整性。

对于传统的纸质档案，我们需要采用数字技术将档案信息转化为数字档案，并建立数字档案库；信息技术手段能够实现对数字档案的智能化管理，包括数据分类、数据整合、数据分析等。数字化管理可以提高档案信息的准确性、完整性和时效性，同时也能够更好地保护档案信息的安全性和隐私性。

同时，我们也需要统一档案管理标准，包括档案整理标准、统计标准、服务标准、各项技术标准等，以实现档案数据库中的信息资源共建和共享。

二、创新管理理念

在信息化时代的浪潮下，档案管理领域正面临前所未有的挑战。传统的纸质档案管理模式已无法满足现代社会的需求，我们必须不断创新管理理念，积极拥抱变革，以适应这个日新月异、数据驱动的时代。

首先，传统的纸质档案管理向数字化、智能化方向的转变趋势意味着我们不再局限于实体档案的管理与存储，而是要将档案信息进行数字化转换，利用大数据、云计算等先进技术手段，实现对档案信息的深度挖掘与高效利用。同时，引入人工智能、机器学习等智能技术能够实现对档案信息的自动分类、自动编目、智能检索等功能，从而大幅提升档案管理效率和服务水平。

其次，档案工作从档案管理为中心向以利用为中心转变。这意味着我们要将档案的价值最大化，将档案管理与档案利用紧密结合，让档案信息更好地服务于社会、服务于人民。同时，档案部门要从被动服务向主动服务转变，积极主动地为用户提供个性化、精准化的档案服务。此外，档案信息需要从单纯依靠档案部门管理向多部门协同管理转变。档案部门需要加强与其他部门的沟通与协作，共同推动档案管理工作的顺利开展。

最后，数字化技术能够实现对档案的智能化管理。通过利用现代信息技术手段，如计算机技术、网络技术、物联网技术等，我们能够建立数字化、智能化的档案管理系统，实现档案的自动化、智能化管理。

三、档案资源的深度利用

在追求档案资源高效利用和管理的道路上，信息技术和管理模式的创新是不可或缺的。为了更好地满足社会对档案信息的需求，我们应当充分运用大数据、云计算、人工智能等前沿技术，对档案信息资源进行深度挖掘和分析，为各类决策提供更全面、更精准的信息支持。

首先，大数据技术打开了一扇通往档案信息深层价值的大门。通过大数据技术，我们可以对庞大的档案文献进行高效处理和分析，从中挖掘出隐藏在海量数据中的知识和智慧。这种技术不仅能够帮助我们快速识别档案信息的核心价值和内容，还能够为我们提供全新的视角和方法，使我们更好地理解和利用这些宝贵的信息资源。

其次，云计算技术为档案信息的高效管理和共享提供了强有力的支持。借助云计算技术，实现档案信息的高效存储、传输、处理和共享，打破时间和空间的限制，让档案信息得以更便捷地被广大用户所使用。这不仅提高了档案信息的利用效率，也极大地拓宽了档案信息的传播范围和影响力。

最后，人工智能技术的引入为档案信息的自动化处理和分类带来了革命性的创新，大大提高了档案信息处理的效率和准确性。同时，人工智能技术还能够帮助我们更好地理解和分析档案信息，为后续的利用和开发提供更坚实的基础。

四、档案价值挖掘

随着科技的不断进步，大数据和人工智能等前沿技术在档案管理领域的应用，为档案价值的挖掘和分析带来了前所未有的突破。这些技术的应用，不仅极大地提升了档案信息管理的效率和准确性，更赋予了档案信息全新的战略意义。在大数据技术的驱动下，海量的档案信息得以全面、准确地整合和分析。通过对这些信息的深度挖掘，我们可以窥见历史文化、社会经济和科技发展等多个方面的变迁。这些变迁不仅记录了时代的步伐，更反映了人类文明的演进和社会的进步。人工智能技术的应用，为档案信息分析提供了更强大的工具。通过自然语言处理、机器学习等技术，档案信息得以快速、准确地分类、归纳和提取。这不仅大大提高了档案信息分析的效率和准确性，更提供了多维度的信息解读。

在这样的背景下，档案价值的挖掘变得更具有战略意义。通过对档案信息的深入挖掘和分析，我们可以发现隐藏在数据背后的宝贵信息，如政治、文化、思想和艺术等方面的特色和趋势。这些信息不仅对了解当时的社会背景具有重要意义，更为认识历史、理解现实、展望未来提供了宝贵的参考。同时，档案价值的挖掘和利用也为档案馆的发展带来了新的机遇和空间。随着数字化和网络化的发展，档案馆正逐渐转变为一个全新的知识型服务中心。它不仅为公众提供便捷、高效的档案查询和利用服务，更为其他领域的研究和应用提供数据支持和基础资源。

因此，档案价值的挖掘是当前档案工作中不可忽视的重要环节。只有通过大数据、人工智能等新技术手段的应用，我们才能深入挖掘并理解档案信息所蕴含的文化、历史和社会意义。

五、档案服务创新

在信息技术和管理模式的创新推动下，档案服务正逐步迈向智能化服务的新时代。人工智能技术的深度应用，实现对用户需求的精准分析和理解，从而为用户提供个性化的档案信息服务。这种服务模式不仅丰富了档案服务的内容和形式，更推动了档案服务的多样化和创新化。用户可以通过在线预约系统，提前选择自己所需的档案内容和服务时间，避免了传统模式下的长时间等待和不便。而虚拟展示技术则为用户提供了身临其境的档案浏览体验，让他们仿佛置身于历史的长河中，感受档案的魅力和价值。个性化定制服务更是满足用户对特定档案内容的独特需求。

为了满足用户对档案信息的需求，我们需要建立智慧化的服务平台。这个平台不仅为档案利用者和管理者提供高效的信息交流与共享渠道，还能通过大数据技术深入挖掘和分析档案数据，实现各类档案数据在智慧档案一体化平台中的共享。该平台使得用户能够更方便、更高效、更智能化地获取和利用档案信息。同时，该平台通过加强用户教育与培训，能提高用户对档案智慧化服务的认识和利用能力。一系列在线教程和培训课程能够帮助用户更好地理解和使用智慧档案服务，轻松掌握档案智慧化服务的核心知识和技能。此外，该平台通过建立数字档案库，实现档案的网络化共享，将档案服务向社会延伸并利用数字化、网络化等手段，实现档案信息的在线查询、借阅、复制、检索等功能，为用户提供更便捷、更高效、更个性化的档案服务。

六、档案合作共享

随着科技的飞速发展，区块链和云计算等前沿技术已成为推动档案信息资源共享利用的关键驱动力。这些技术的引入不仅极大地拓展了档案工作的边界，更为档案事业注入了新的活力与可能性。区块链技术以其独特的去中心化、数据不可篡改等特性，为实现档案信息资源跨地域、跨机构、跨领域的共享提供坚实的技术保障。建立区块链平台，能够将不同地域、不同机构、不同领域的档案信息资源汇聚于一处，实现真正意义上的资源共享。与此同时，区块链平台所具备的高度安全性和可靠性，确保了档案信息资源在传输、存储、利用等各个环节的安全。

档案信息资源共享平台的开发不仅为档案的开放利用提供了更广泛、更便捷的技术支持，更在促进档案信息资源的交流与学术研究方面发挥了重要作用。各个部门、机构、行业的深入合作，能够进一步扩大档案信息资源的共享范围，实现更广泛的合作与交流。这种跨界的合作模式不仅有助于推动档案工作的创新发展，还为社会各界提供了更丰富、更多样的档案信息服务。在未来的发展中，我们需要继续致力于优化技术和方法，使档案信息资源的共享利用变得更便捷、更高效，通过不断的技术创新和服务模式升级，为档案事业注入更多的活力与动力，推动档案工作不断向前发展。

七、档案管理安全保障机制

在档案管理领域，安全性始终是不可忽视的核心要素。传统上，档案管理一般依赖门禁系统、监控摄像头等手段来保障档案的安全。然而，随着科技的日新月异，更多的创新手段可以提升档案管理的安全性。例如，档案室与档案管理系统，可以考虑引入应用现代安全领域的生物识别技术，采用人脸识别和指纹识别来加强档案管理。这些生物识别技术能够准确地识别个人的生物特征，从而提供更可靠的身份验证手段。除了生物识别技术，还需要建立一套完善的档案信息安全保护体系，包括运用先进的加密技术来保护档案信息，防止未经授权的访问和泄露。同时，定期备份档案信息也至关重要，以防数据丢失或损毁。通过这些信息技术手段，档案的安全性和完整性能够得到充分的保障。

为了建立一个全面的档案安全保障机制，还需要关注物理环境安全、网络安全以及数据安全等多个方面。在物理环境方面，需要确保档案室的安全设施完备，如门禁系统、监控摄像头等。在网络安全方面，需要采取一系列措施来防范网络攻击和数据泄露。在数据安全方面，除了加密和备份，还需要制定严格的数据访问和使用规定，确保档案信息不被滥用。通过这些保护和管理手段，不仅能够确保档案信息的完整性和真实性，更能为档案的开放利用提供可靠的信息支持。

八、档案资源的可视化展示

近年来，档案资源的利用价值得到了前所未有的提升。然而，由于档案资源本身的复杂性和庞大性，传统的文字、图片等呈现方式往往难以全面、生动地展示其丰富的内容和潜在的价值。因此，档案资源的可视化展示成为当前研究的热点之一，为档案资源的利用打开了新的可能性。虚拟现实（Virtual Reality，VR）和增强现实技术（Augmented Reality，AR）可以使得用户身临其境地感受档案资源的内涵，进一步提升其利用价值。例如，在虚拟环境中，用户可以通过自由移动、缩放等操作方便地浏览档案的各个细节，还可以开展互动式学习、研究等活动。而在增强现实技术的支持下，用户则可以通过手机等设备实时获取档案资源的相关信息，增加了互动性和趣味性。档案资源的可视化展示不仅可以为用户提供更直观、更生动的了解方式，还能够促进档案的开放利用。在展示过程中，可以根据不同人群的需求和兴趣，设置不同层次、不同深度的信息展现方式。在这种情况下，无论是学术研究者、教育工作者还是普通民众，都能根据自己的需求，轻松获取所需的档案信息。

总的来说，档案资源的可视化展示是一个充满创新和潜力的领域。它将现代技术与传统文化相结合，既推动了档案资源的数字化和智能化发展，又为人们更好地了解和利用档案资源提供了便捷的途径。随着技术的不断进步和应用范围的不断扩大，我们有理由相信，档案资源的可视化展示将在未来发挥更重要的作用，为档案事业的繁荣和发展注入新的活力。

九、利用先进的技术手段

在推进档案智慧化的进程中，我们采用了各种前沿的信息技术手段。这些技术不仅重塑了档案的开发利用方式，更带来了前所未有的智慧化档案管理体验。数字化技术的运用，让纸质档案得以向数字化转化，变得便于存储、传输和查询；大数据技术的引入，使我们能够对海量的档案数据进行深度挖掘和分析，从而发现隐藏在其中的价值和规律；云计算技术的应用，让档案管理变得更高效、更灵活，提升了档案工作的响应速度和服务质量。

值得一提的是，物联网技术的运用为档案管理带来了革命性的创新。通过为档案实体配备电子标签，我们实现了对档案的全面感知和监控。这些电子标签不仅记录了档案的基本信息，还能够实时反馈档案的状态和位置，使得档案工作者能够全面掌握档案的情况，实现档案管理的精准化和智能化。

在大数据技术的支持下，档案库房内的数据能够进行全面、深入的处理和分析。通过选择、转换、提取等操作，重新构建档案数据库，数据挖掘获得了丰富的信息来源。各类档案数据得以在智慧档案一体化平台中实现共享，为档案工作者提供更全面、更准确的数据支持。云计算平台可以实现档案的集中存储和管理，同时还能够提供在线查询、借阅、复制等服务，满足了用户多样化的需求。此外，云计算技术还能够实现档案信息的实时更新和同步，确保了档案信息的时效性和准确性。

十、创新档案管理教育机制

随着档案事业的持续繁荣与进步，构建一套全面而系统的档案教育机制显得尤为关键。这一机制不仅关乎档案管理人员的专业成长和技术提升，更是确保档案资源安全性与可靠性的坚实保障。档案教育机制的构建应涵盖多个维度，旨在打造一支既具备扎实专业知识，又善于应对各种挑战的档案管理队伍。

首先，定期培训是档案教育机制中的核心环节。它要求各级档案管理部门为工作人员安排固定的学习时间，专注于专业知识的更新与拓展，以及新技术、新方法的探索与研究。这种培训不仅有助于管理人员保持与时俱进的专业素养，更能确保他们在实践中能够熟练运用所学知识。

其次，经验交流是促进档案事业发展的重要手段。组织各级档案管理部门和机构通过档案经验交流会，搭建一个相互学习、共同成长的平台。在这个平台上，各地的档案工作者可以分享他们的工作心得、经验和做法，学习并借鉴其他地区的先进经验和管理方法。这种跨地域、跨等级、跨部门的交流，不仅能拓宽档案管理人员的视野，还能激发其创新思维，推动整个行业的档案工作水平不断迈上新台阶。

再次，随着信息技术的飞速发展，可以充分利用网络平台进行在线交流。这种新型的交流方式突破了地域和时间的限制，让档案管理人员能随时随地分享彼此的经验和心得。借助现代化的信息技术手段，建立在线社区、论坛等交流空间，档案管理人员获得了更便捷、更高效的沟通平台。

最后，技能提升是档案教育机制中不可或缺的一部分。培训部门需要针对不同岗位的档案工作人员，开展具有针对性的培训。这些培训可以涵盖数字化处理、防火防灾、档案保护等多个方面，旨在提高各级档案管理人员的专业技能和应对突发情况的能力。这些培训可以确保档案工作人员在面对各种挑战时都能够从容应对。

第二节　档案智慧化管理体系的构建

随着信息技术的发展，传统的档案管理模式已逐渐暴露出其局限性，难以适应现代社会多元化、高效化的需求。因此，档案智慧化管理体系成为时代的必然选择。档案智慧化管理体系，不仅是对传统档案管理方式的革新，更是对现有档案管理系统中存在问题的有力回应。它能够有效地解决档案管理中烦琐、低效和"信息孤岛"等问题，显著提高档案管理的效率。更重要的是，档案智慧化管理体系能够推动档案管理工作数字化、可视化和智能化水平的提升，为档案资源的深度挖掘和高效利用提供有力支撑。本小节旨在深入探讨档案智慧化管理体系的构建问题，为档案管理领域提供一种更智能、更高效的解决方案。

一、档案智慧化管理体系的构建情况

档案智慧化管理体系不仅限于将纸质档案进行扫描和存储，它还具备自动分类和整理的功能，能够利用大数据分析实时的用户需求并及时调整资源计划，让档案资源的利用率最大化，满足用户的需求。这种智能化管理、数字化应用和网络分享的方式使得档案的传递更方便、更快捷。

（一）基层设施层的构建和组织工作

在档案智慧化管理体系中，基层设施层是整个体系稳固的基石，其构建与组织工作的质量直接关系到整个档案管理系统的流畅运转与效能发挥。在这一层次中，必须深思熟虑档案存储与管理设备的选型与部署策略，同时明确数据采集与归档的流程与规范，确保每一环节都精准无误，基层工作人员高效协同。为确保档案管理系统稳定而高效地运行，设备选型与部署成为基层设施层中至关重要的任务。这需要根据用户的实际需求，精心挑选合适的数据库、服务器与存储设备。这些设备的性能与可靠性将直接决定档案数据的存储、管理与查询效率，以及系统的运行稳定性。因此，设备选型时我们必须综合考虑性能、成本、扩展性等多方面因素，为用户打造定制化的解决方案。然而，仅仅选择合适的设备并不足以保障档案管理系统的安全稳定运行，还需要确保这些设备在日常运行中的安全性与可靠性。这需要采取一系列严格的安全措施，如数据加密、访问控制、备份恢复等，以防止数据泄露和系统崩溃等潜在风险发生。同时，需要建立完善的监控与维护机制，定期对设备进行检查与维护，确保它们始终处于最佳状态。

（二）档案资源层的构建和组织工作

档案资源层是整个档案智慧化管理体系的核心部分，其构建与组织工作直接影响整个档案管理系统的平稳运行与实际应用价值。在这一层次中，需要考虑档案资源的获取、管理，以及共享与利用等问题。为了确保档案管理系统能够高效、稳定地运行，档案资源层的资源获取与管理至关重要。各档案机构、企业、学校等需要积极主动地建立紧密的合作关系，共同推动档案资源的共享机制。这种机制的建立，不仅有助于实现档案资源的互通有无，提高资源的利用率，还能够促进各机构之间的深度交流与合作，共同推动档案事业的繁荣发展。在档案资源共享与利用的过程中，需要特别关注资源的质量和可靠性。毕竟，只有高质量、可靠的档案资源，才能够为档案管理系统的高效运作提供有力保障。因此，档案管理单位需要建立严格的资源审核与筛选机制，确保所获取的档案资源真实、完整、准确，加强对档案资源的日常管理与维护，确保资源的安全性与稳定性，避免出现数据丢失、泄露等风险。

（三）技术处理层的构建和组织工作

技术处理层作为档案智慧化管理体系的坚实技术支撑，其构建与组织工作，直接关系到整个档案管理系统的高效运作与稳定性。在这一层次中，不仅需要深入考虑档案管理系统的技术选型与部署策略，还需要关注系统的日常维护和持续升级，确保系统始终能够应对不断变化的技术环境。在技术选型与部署方面，需要根据档案管理系统的实际需求，审慎选择合适的技术框架、开发语言和数据库。这些技术选择将直接决定系统的性能、稳定性和扩展性，因此，必须进行全面评估，确保所选技术既能够满足当前的需求，又具备未来升级和扩展的潜力。同时，需要制定详细的部署方案，确保系统能够顺利上线并稳定运行。然而，技术选型与部署仅仅是技术处理层工作的一部分。为了确保档案管理系统的持续高效运作，需要关注系统的维护和升级工作。这包括定期对系统进行性能调优、安全性检查、数据备份等工作，以确保系统始终保持在最佳状态。

（四）服务应用层的构建和组织工作

服务应用层是整个档案智慧化管理体系的应用核心部分，其构建和组织工作的质量直接影响档案管理系统的用户体验和应用效果。在这一层次中，不仅需要精心策划档案管理系统的服务功能与应用场景，还需要深入洞察用户需求与体验，确保系统能够为用户提供高效、便捷的服务。为了满足用户多样化的需求，需要不断开发和完善档案管理系统的应用功能。这些功能应涵盖档案的查询、借阅、归档、统计等多个方面，为用户提供全面、高效的档案管理服务。同时，注重用户体验的优化，确保系统的操作界面简洁明了、易于上手，为用户提供流畅、愉悦的使用体验。然而，仅仅开发功能并不足以确保档案管理系统的成功应用。为了不断提升服务效果，需要与用户保持紧密的沟通与联系，及时收集用户的反馈和需求。通过定期的用户调研、满意度调查等方式，了解用户对系统的满意度、使用习惯等信息，为系统的改进和优化提供有力依据。此外，为了确保档案管理系统的稳定运行，需要建立健全的服务支持体系。这包括提供及时的技术支持、解决用户在使用过程中遇到的问题，以及为用户提供定期的培训和指导等。通过全方位的服务支持，用户能够充分利用档案管理系统，实现档案的高效管理和利用。

二、档案智慧化管理体系的优化要点

（一）建立完善的规范制度

在档案智慧化管理服务体系的建设中，规范制度的建立和健全是至关重要的。随着时代的发展，档案管理服务体系需要面对一系列新问题和新情况。为了确保档案管理服务体系有法可依、有章可循，社会组织以及其他相关部门应该提前采取预防措施，以规避潜在风险。在档案服务的伦理道德原则方面，档案管理人员需要充分考虑档案服务的伦理道德原则，并进行深入的调研和分析，以确保应用程序的规范化和合规化。[①]

（二）优化数据标准体系

当前的数据标准缺乏统一性与规范性，这样带来的后果是各个档案机构或部门之间的档案数据资源无法共享，甚至出现"数据孤岛"的问题，对档案智慧化管理体系的构建带来极大的影响。为了解决这个问题，需要采取两个方面的措施。

一方面，相关工作人员必须积极主动地建立智慧服务平台及其数据标准，提高数据资源利用效率，并对智慧服务体验进行优化。这是保证档案资源跨系统、跨领域做好整合工作的前提和基础。为了实现这一目标，我国 2019 年正式启动了互联网信息战略保存项目，其最主要的目的就是确保全国范围内的互联网信息资源得以采集和保存，并构建完善的数据标准体系，使得业务数据得以规范，确保信息数据资源的互动和共享。这表明，在当前信息化和数字化的时代，数据标准的重要性日益凸显，只有建立完善的数据标准体系，

---

① 韦静怡.智慧化档案管理体系的构建与优化要点［J］.黑龙江档案，2023（3）：280–282.

才能确保数据的规范化和共享化，进而实现档案信息化管理的最终目标。

另一方面，需要做好技术手段改革工作，加强技术知识支撑体系，构建更完善的数据标准管理平台，确保做好数据维护和用户管理工作。技术手段的改革和数据管理平台的构建，将有助于提高数据质量，强化业务协同和实现信息共享。同时，要制定统一的思路和标准，并对数据源和数据对象完成协同安排的工作，确保代码及建设得到全面的推进，保证构建完善的数据标准体系，最终不断提升智慧化档案服务效果。

数据标准体系的优化，需要从数据标准建设与技术手段更新等多个方面进行。只有建立完善的数据标准体系，才能确保档案数据资源的规范化和共享化。

（三）其他需要优化的问题

档案智慧化管理体系的构建，旨在提高档案管理工作的效率和质量，促进信息共享、智能分析以及应用效果的实现。为实现这一目标，必须引入现代化的技术手段，例如云计算、大数据和人工智能等，对档案数据进行全方位的收集、存储、处理和分析，从而为用户提供更精准的服务和支持。同时，还需要最大限度地利用现有技术资源，以降低系统建设所需的成本，并加强系统的可扩展性和稳定性。唯有在充分考虑和综合平衡各方面因素的基础上，才能够打造一个高效、安全、可靠、合规的档案智慧化管理体系，为组织的可持续发展提供有力保障。为实现档案智慧化管理体系的完善，需要从以下几个方面进行深入思考。

第一，在数据智能化管理方面，利用光学字符识别（Optical Character Recognition，OCR）技术，生成档案数字化成果文本数据资源，结合应用原生其他介质的档案内容信息，实现档案信息资源的数字化管理，并进行全文检索。同时，采用数据挖掘技术构建虚拟资源库，突破原有的档案数字化理念，为实现档案资源的深度控制和挖掘创造条件。第二，在信息资源高效接收与有序管理方面，采用数据智能采集技术，采用多样化、组合式信息资源收集方式，实现专业档案信息资源的高效接收和有序管理。第三，数据互通与跨馆交互方面，采用大数据技术的智慧档案馆，通过云计算技术虚拟合并各档案馆之间的数据，做到实时互通，跨馆出证。第四，在辅助管理方面，采用模型控制技术，实现机关归档电子文件质量监管、进馆电子档案质量检查、开放档案划控辅助管理、档案馆业务目标督查等工作的辅助管理，有效地推进了档案馆业务工作的信息化。第五，在智能感知管理平台方面，应用射频识别（Radio Frequency Identification，RFID）技术，实现智慧档案馆智能感知管理平台对实体档案、在馆人员及相关业务信息的综合感知和智能处置，拓展了射频识别技术在档案馆工作中的应用领域。

综上所述，档案智慧化管理体系的构建需要充分利用新技术，实现档案信息资源的数据智能化管理、信息资源的高效接收与有序管理、数据互通与跨馆交互、辅助管理和智能感知管理平台等方面的优化，为档案馆的管理和利用提供便捷和支持。

三、强化数字档案资源体系的建设

在当今互联网信息环境的背景下，档案管理部门应在各级党委的集中领导下，根据存量档案资源数字化和增量档案资源电子化的规划目标，加强档案馆以及其他档案管理机构的数字档案资源体系建设。这要求我们科学、规范、合法合规地做好工作，并在具体的实践过程中，借鉴先进经验、找出薄弱环节，努力弥补数字档案资源建设方面的"短板"，包括思想观念、行动方案、资金设备、基础设施、软件配套、人员配置等方面的不足。只有实现观念的更新与改进、方案的有效实施、资金设备的充分保障、基础设施的完善、软件配套的合理安排以及人员的充足配备，才能真正满足档案信息化发展的需要。因此，必须对数字档案资源的建设目标确立、思考与实践、经费投入、硬件设备建设、软件应用等方面进行全面考虑和有效推进，以确保数字档案资源体系的更好运行与应用。

（一）在国家档案馆层面

在国家档案馆层面，各级国家档案馆（包括综合性国家档案馆、专门性国家档案馆）都肩负着响应党和国家信息化建设的号召，逐步迈向实现"三个互通"目标的重任。这一目标的深远意义在于推动政务信息、业务数据和档案数据在数字资源的整合与共享中达成互联互通。这不仅是对国家档案馆信息化建设的要求，更是国家治理能力的提升、政务数据资源的共享、信息资源的高效利用的重要体现。为了实现这一目标，各级国家档案馆必须积极行动，将政务信息、业务数据等各类电子文件纳入在线归档的范围，确保这些宝贵的信息资源得到合理、规范的管理。同时，在线文件的移交接收和利用也是实现"三个互通"的关键环节，各级国家档案馆需借助先进的技术手段和高效的工作流程，确保文件的顺利移交和高效利用。

随着这些措施的逐步实施，长期以来困扰各部门的"数据壁垒"将逐渐消融，不同部门之间的数据共享和协作将变得更顺畅。同时，"信息孤岛"的现象也将逐步消失，各部门的信息资源将汇聚成一股强大的信息流，为国家治理、公共服务和社会经济发展提供有力的信息支撑。在这一进程中，各级国家档案馆不仅要积极作为，更要加强与其他部门的沟通与协作，共同推动国家信息化建设的深入发展。通过不断的探索和实践，各级国家档案馆将为实现"三个互通"目标贡献出更大的力量，为国家治理体系和治理能力现代化提供坚实的信息支撑。

（二）在基层单位层面

在基层单位层面，各级各类党政机关、企事业单位及其他社会组织，应当按照国家档案行政管理部门的统一部署和规范要求，全面使用信息化设备，认真贯彻法律法规和国家信息化方针政策。为了实现这一目标，这些单位需要积极与自身的信息化部门建立更紧密的协同与合作关系，充分利用单位内网、专网、局域网等信息化设施，确保数字档案室建设和文档数据中心建设的高效推进。在具体实践中，这些单位需要积极打破内部各个机构部门之间的"壁垒"，通过加强沟通与协作，进一步提高对本单位各项业务活动中文档数据的实时捕获和撷取能力。这不仅可以确保文档数据的及时性和准确性，还能为后续的档案管理工作奠定坚实基础。同时，这些单位还需要采取相应手段加强对电子数据、电子记录、电子文件的归档控制：制定完善的归档流程和标准，确保这些电子资源得到合理、规范的管理；不断加强对本单位、本部门的电子档案资源的整体管控能力，确保电子档案资源的完整性、可用性和安全性不受影响。随着数字档案资源建设的深入推进，这些单位需要积极推动本单位、本部门数字档案资源的整合和集成管理工作向纵深发展。通过整合各类档案资源，实现档案信息的互通共享。同时，这些单位还需要加强与外部机构的合作与交流，借鉴先进经验和技术手段，不断提升自身的档案管理能力和水平。

（三）在行业层面

在行业层面，不同行业的管理机构需要具备前瞻性和战略性思维，将数字档案资源建设纳入其发展计划和规划中。这不仅是一个技术层面的决策，更是一个关乎行业发展和竞争力提升的重要布局。为确保数字档案资源建设的有效推进，相关领导和员工的绩效考核体系需与之紧密结合，形成有力的激励和约束机制。这意味着数字档案资源建设的成败将与个人和团队的绩效紧密挂钩，促使各方面积极投入这一工作。与此同时，数字档案资源建设需与其他业务工作保持同步部署、同步实施、同步发展。这种协同推进的模式有助于确保数字档案资源建设不会成为行业发展的孤岛，而是与整体业务紧密相连，形成有力的支撑。这种做法不仅有助于提升数字档案资源建设的效率和质量，更能确保其在行业和系统中发挥最大的效益。

为了实现这一目标，行业主管部门需要深入了解自身行业和系统的实际需求，结合业务特点和未来发展趋势，科学规划数字档案资源建设的目标和路径。在规划过程中，要充分考虑数字档案资源的完整性、可用性、安全性和可持续性，确保其能够满足行业和系统的长期发展需求。同时，行业主管部门还应重视与其他业务工作的协同推进。数字档案资源建设不是一个孤立的过程，而是需要与其他业务工作相互支持、相互促进。行业主管部门与档案部门通过加强沟通与协作，实现资源共享和优势互补，推动数字档案资源建设与其他业务工作的深度融合，共同推动行业和系统的整体发展。此外，行业主管部门还应关注数字档案资源的整合和利用，通过整合各类数字档案资源，打破信息孤岛和数据壁垒，实现档案信息的互通共享和高效利用。同时，要积极探索和创新数字档案资源的利用方式，推动其在行业和系统中发挥更大的价值。[①]

---

① 陈兆祦，和宝荣，王英玮.档案管理学基础（第四版）[M].北京：中国人民大学出版社，2021：100–101.

四、人工智能下的档案智慧化管理体系

（一）基础设施层

基础设施层在保障研发新技术的实质支持方面扮演着至关重要的角色。在建设档案智慧化管理体系的初期阶段，必须着重加强基础设施的建设，其中包括软件设施、硬件设备和机房辅助设施等各种不可或缺的要素。在软件和硬件设施方面，需要配备多种类型的网络设备，以确保档案智慧化管理体系能够与政务网以及机构内部网实现无缝衔接。此外，还需要设有能使用人脸识别技术和 RFID 技术等新技术的配套感知设备、数字化处理设备、基本存储设备、安全保障设备等。相对于软件和硬件设施而言，机房辅助设施的建设更复杂，主要是因为需要控制机房温湿度，确保相关设备的性能达到规定标准并满足智能温控需求。同时，还需要配备监控设备、存储实体档案的设备、管理库房的机器人等各种其他必要的设备，以便有效监督和配合档案管理及库房工作的执行。

（二）档案资源层

档案管理是对档案资源和信息数据进行全面而规范的管理。首要的任务是建立一个完整而标准的档案资源库，其中囊括各种形式的资料，包括实体类资料和电子类资料，并对其管理模式进行细致拟定。在业务管理资源库的构建过程中，要将所有设备内的数据以及人员考核等相关数据均予以纳入，并且要求数据记录尽可能准确完备。此外，需要对办公场所生成的各种数据进行统计。例如，用户操作所产生的用户使用数据，即用户在平台上浏览和下载资料等操作的数据需要记录统计；而用户主动选择公开共享权限的数据

资料所形成的用户共享数据也需纳入考量。但是，在处理这些数据资料时，要特别注意保护隐私的问题，以确保用户的个人信息没有未经授权就泄露的风险。在资源层的数据管理中，应用人工智能技术可以对上述数据进行分类管理和实时监控。智能系统采集底层数据并分析数据倾向，以便为下一层技术处理层的相应分析提供数据支撑。同时，在收集到异常数据或遭遇非法访问时，智能系统可以迅速发布警报并自动采取初步的处理措施。

（三）技术处理层

在人工智能的背景下，构建技术处理层变得异常重要。在档案管理中，人工智能技术不可或缺。因此，需要更关注档案的汇总、整理、鉴定、检索、存储等环节的技术处理。在档案的汇总工作中，可以利用智能录入和搜索引擎等高级功能模块来完成档案信息的收集和记录等工作。在档案的整理工作中，可以积极地采用文本识别技术，以便将纸质档案扫描并以图像文字结合的方式存储为数字档案。这一过程通常需要依赖智能机器人和OCR字符识别等设备与技术，将数据类型进行转换，利用智能技术对档案进行分类和归档。在档案的鉴定过程中，需要运用自然语言技术进行处理操作。在档案的检索过程中，努力实现档案管理的智能化，通过自动识别和智能识别等手段，对档案资料进行处理。例如，可以采用人工智能代理技术等智能算法来分析并满足用户的需求。在档案的存储过程中，可以利用网络云存储档案资料，并同时进行纸质档案的实体存储。

（四）应用服务层

应用服务层是直接服务于档案管理工作的体系最高层，与构建档案管理体系的成果密切相关。应用服务层的特点包括服务空间的虚拟化、服务资源的多元化、服务方式的智慧化以及服务优化的自动化。服务空间的虚拟化是利用人工智能技术，为用户提供线上线下的服务，打破时间和空间的限制，为用户提供高质量的检索服务。服务资源的多元化是利用人工智能技术深入分析用户的需求，全方位多角度为用户提供智慧服务。服务方式的智慧化是通过人工智能技术进行档案资料的自动分类和聚焦，利用语义关系挖掘技术对用户需求进行精准分析，为用户提供自动推荐的需求以及个性化的兴趣图谱等服务。服务优化的自动化是利用人工智能技术和精准算法等，根据用户需求对信息进行过滤和筛选，并根据用户的使用和反馈情况进一步优化服务质量。通过这四个层面的应用服务，可以构建一个完整的服务体系，形成完整的服务。[①]

第三节　档案智慧化管理中智慧化服务构建研究

数字档案资源的存在价值在于有效开发利用以满足用户的需求。为了实现这一目标，各级各类档案管理部门应当在确保安全的基础上，充分利用先进的信息技术，并以此为契机，积极推动数字档案资源利用服务体系的建设。档案管理部门通过不断完善服务环境，努力为各类合法用户提供及时、便捷、高效的档案数据、信息和知识服务，使数字档案资源能够更好地满足他们在工作和研究中的需求。只有提高档案智慧化服务水平，才能真正发挥数字档案资源的价值，推动档案事业的发展。

在网络信息环境条件下，档案管理部门致力于建设数字档案馆、数字档案室、档案信息网站、数据中心、信息服务中心等档案信息服务平台。这些

---

① 矫琳. 人工智能背景下智慧档案管理体系的构建策略［J］. 办公自动化，2023，28（8）：55-57.

平台的根本目标是为党和国家的各项决策提供有力支持，为各项职能业务活动的持续、健康、有序发展提供证据保障支持，为维护国家利益、单位利益和公民利益提供法律证据支持，为满足人民群众日益增长的文化需求提供信息支持。在这一目标的实现过程中，各级国家档案馆应充分利用现代信息技术和政府信息网络，不断提升数字档案馆和档案信息网站的建设水平，并加强横向和纵向的数字档案资源的整合和共享。通过一系列的努力，可以实现党和国家所确立的"让信息多跑路""让群众少跑路"的服务目标，数字档案资源利用服务体系成为党和国家公共服务体系的有机组成部分。

对于数字档案馆（室）的建设，各个单位应充分抓住机遇，在遵循保护档案信息安全的原则下，更注重本单位数字档案资源服务体系的建设。与此同时，各个单位的档案工作者还需积极研究本单位的工作发展规划、工作计划，以及不同部门的具体计划安排。他们应该深入分析和掌握本单位的主要业务建设和发展目标、任务安排，以及项目内容。此外，他们需要把握重要的服务阶段和业务时间节点，并通过查找、筛选数字档案资源的内容和其他信息资源的相关内容，提前准备好一系列满足决策、计划、任务和项目需求的"档案信息包""档案数据包""档案建议包""档案知识包"等。考虑到相关业务工作的进度安排和时间节点的控制要求，他们需要及时通过内部网络将这些资源推送出去。同时，各单位的档案管理人员还应经常利用网络等信息沟通渠道，及时了解各类用户的利用需求和利用效果等反馈信息。基于对这些反馈信息的分析，生成用户需求动态分析表，以不断提高档案信息资源利用的服务质量和整体水平。

档案智慧化管理是未来档案管理的趋势，智慧化服务构建是核心。然而，在档案智慧化管理过程中，如何构建智慧化服务成为一个关键的问题。本节主要从以下三个方面进行探讨。首先，了解档案智慧化管理中智慧化服务的需求。其次，探讨智慧化服务在档案智慧化管理中的作用。最后，讨论基于云计算和物联网的档案智慧化管理服务构建。

一、档案智慧化管理中服务构建的需求

在档案智慧化管理中，智慧化服务的构建是至关重要的一环。智慧化服务是通过应用新技术和新理念，对档案馆的服务进行提升和优化，以更好地满足用户的需求。智慧化服务的构建主要包括建立智慧化服务理念、利用大数据技术提供智慧化服务、构建智慧化服务平台、提供个性化定制服务等。智慧化服务的引入，可以使得档案管理的各个环节更高效、更准确，达到提高管理效率的目的。同时，智慧化服务的引入也可以降低管理成本，减少人力和物力的浪费，提高档案管理的效益。智慧化服务构建的需求具体如下。

（一）建立智慧化服务理念

在档案智慧化管理的全新征程中，应秉持一种全新的服务理念：以用户为中心的智慧化服务。这种服务理念的核心在于，始终将用户的需求和体验置于首位，致力于提供个性化、精准化的服务，以满足用户在档案管理和利用中的实际需求。传统的被动式服务模式已经无法满足现代档案管理的需求，需要转向更主动、更智能的服务形式。这意味着服务模式不再是仅等待用户的请求，而是主动探寻用户的需求，预测他们的期望，然后提供超越期待的服务。例如，可以利用大数据和人工智能技术，分析用户的浏览记录、搜索历史和下载行为，精准地推荐相关的档案资料和专题研究内容。这样，用户不再需要在海量的档案中盲目寻找，而是能够直接获取所需的信息。

同时，智慧化的档案管理系统结合用户的需求和时间安排，为用户打造

个性化的档案利用服务。无论用户是需要快速查阅某个档案，还是需要深入研究某个专题，系统都能为用户提供高效、便捷的服务，满足他们的期望。这种以用户为中心的智慧化服务理念，不仅提升了用户的体验，也进一步推动了档案智慧化管理的发展。我们相信，通过不断的探索和创新，档案管理能够为用户提供更智能、更高效的服务，真正成为用户工作和学习中的得力助手。

（二）利用大数据技术提供智慧化服务

使用大数据技术对档案数据进行深入挖掘和详细分析，有助于深刻了解用户的需求和行为习惯，为用户提供更准确的个性化服务。例如，我们通过对用户在档案网站或 App 上的搜索历史、浏览记录等数据进行详尽挖掘和充分分析，可以全面了解用户的兴趣爱好和特质化需求，从而向用户推荐与之相关的档案资料和服务。同时，结合大数据技术和人工智能技术，系统能够实现档案信息的智能化检索服务，使用户能够快速并准确地检索所需档案信息，从而提升查询效率和精确度。另外，引入虚拟现实技术，将档案信息以可视化形式呈现出来，用户可以通过使用 VR 眼镜等装置，沉浸式地浏览和探索档案信息，用户的体验感和利用效果得到了有效提升。

（三）构建智慧化服务平台

档案管理服务平台利用云计算、物联网和人工智能等先进技术，能够实现智能化的档案管理、高效存储、高速检索、灵活利用等多方面功能。例如，在物联网技术方面，可以对档案库房进行智能化管理，采用自动监测和调节环境因素，如温度和湿度等手段，提高档案保存的质量。而在人工智能技术的运用中，智慧化的服务平台可实现对档案的自动分类、整理和存储等任务，从而显著提升工作效率。由此可见，智慧化的服务平台将为用户带来更便捷、更高效、更智能的档案管理和利用体验。

（四）加强用户教育与培训

为了增进用户对档案智慧化服务的了解与运用，需要采取一系列丰富多彩、形式多样的培训与教育措施。这些措施旨在为用户提供一个系统、全面的学习环境，帮助他们更好地理解档案智慧化管理的核心知识和技能。

首先，档案管理的部门与机构可以精心策划和组织一系列档案知识讲座。这些讲座邀请业内专家、学者和经验丰富的档案工作者担任主讲人，围绕档案的分类、整理、保管和利用等核心内容进行深入解读和分享。通过讲座的形式，用户可以更系统地了解档案智慧化管理的理论知识和实践经验，为后续的规范档案提取与应用打下坚实的基础。其次，借助网络平台推出丰富的在线课程。这些课程涵盖档案智慧化管理的各个方面，包括档案数字化、信息化管理、智能检索等热门话题。用户可以根据自己的需求和时间安排，随时随地进行学习，实现自我提升和知识的更新。同时，提供在线互动和答疑服务，为用户创造一个良好的学习氛围和交流平台。最后，定期组织现场培训活动。这些活动将结合实际操作和案例分析，让用户亲身体验档案智慧化管理的魅力。在现场培训中，用户可以向专家请教、与其他用户交流心得。

通过这些培训与教育形式的开展，用户能够更深刻地意识到档案在信息化背景下的重要性。这不仅能够提升用户的档案意识和应用技能，还能使用户掌握相关的策略和技巧，更好地运用档案资源以满足实际需求。通过这样的学习体验，用户将成为档案智慧化管理的积极参与者和推动者，共同推动档案管理行业的创新与发展。

（五）建立反馈机制与评价系统

在档案智慧化服务的过程中，构建一套完善的反馈机制和评价系统显得尤为重要。这不仅是为了更好地满足用户的需求，更是为了提供高质量、持续优化的服务。反馈机制和评价系统的主要目标，是及时捕捉和收集用户对服务的真实评价、建议，以及在使用过程中遇到的问题，确保服务始终与用户的期望和需求保持同步。为了达成这一目标，可以采用以下两种方法。第一，通过在线调查的方式，用户可以轻松地对服务进行匿名评价，分享他们的使用体验和建议。第二，设置专门的评价系统，用户在完成服务后，对服务的各个方面进行打分和评价，从而提供更具体、更全面的反馈。

这些反馈渠道的存在，能够帮助我们深入地了解用户的需求和问题，及时发现服务中的不足和缺陷。基于这些反馈，可以迅速地改进服务内容并提升服务水平，确保每一次的服务都能满足用户的期望。更重要的是，这种建立反馈机制和评价系统的做法，真正将用户的声音和意见放在了服务的核心位置。它让服务提供者始终与用户保持紧密的联系，确保服务始终与时俱进，不断优化和升级。

（六）在线预约服务

在线预约系统因其高效、便捷的特点，为用户预约参观和借阅档案馆的服务资源提供了全新的解决方案。通过这一系统，用户无须耗费大量时间排队等候，避免了烦琐的步骤和不必要的等待。他们只需打开在线预约系统，根据自己的需求选择相应的服务类型，然后填写必要的个人信息，即可迅速完成预约流程。这种方式不仅为用户节省了大量宝贵的时间，还极大提升了预约服务的便利性，使用户能够享受到更流畅、更高效的服务体验。

同时，在线预约系统也为档案馆带来了诸多益处。通过该系统，档案馆能够更精准地掌握参观和借阅的人数，提前做好相应的准备工作。这不仅有助于档案馆更好地规划和管理资源，还能够进一步提升资源的利用效率，确保每位用户都能得到满意的服务。此外，在线预约系统的引入还简化了档案馆的管理流程。传统的预约方式往往需要人工处理大量的预约信息，不仅耗时耗力，还容易出现错误。而在线预约系统能够自动处理这些信息，大大减轻了工作人员的工作负担，提高了工作效率。

在线预约系统对于提升档案馆的预约服务效率和资源利用效率具有显著的作用。它不仅为用户提供了更便捷、更高效的服务体验，还为档案馆带来了诸多管理上的便利。未来，随着技术的不断进步和应用的不断深入，相信在线预约系统将在档案馆管理中发挥更重要的作用，为用户带来更优质的服务体验。

（七）知识库服务

构建一个档案知识库是一项至关重要的任务，它将为用户带来前所未有的知识与信息查询体验。这个精心打造的档案知识库，不仅汇聚了档案的历史背景、内容深度解析以及档案管理规范等丰富多元的内容，更致力于为用户提供全面且多角度的知识支持。用户只需通过简单点击，就能轻松访问这个知识库，从中获取他们所需的各种有关档案的知识和信息。这个平台不仅便捷，而且高效，它使用户能够更深入地了解和掌握有关档案的各个方面。不仅如此，无论用户是出于研究、学习还是实践的目的，这个档案知识库都将成为他们不可或缺的助手。当用户遇到关于档案的疑问或难题时，只需在这个知识库中轻轻一点，便能找到他们所需的相关知识。我们坚信，这个档案知识库的建立，将为用户带来更深入、更全面的档案知识体验，进一步推动档案智慧化服务的发展。它不仅是一个知识的宝库，更是一个连接用户与档案资源的桥梁，让用户在获取和利用档案的过程中，享受到前所未有的便捷与高效。

二、档案智慧化管理中服务构建的作用

档案智慧化管理是一种利用先进技术手段提高档案管理效率和服务质量的新型管理模式。在这种模式下，服务构建扮演着至关重要的角色。服务构建是将智慧化管理理念与档案服务相结合，创建出满足用户需求的全方位服务体系，实现档案管理工作的高效运转。服务构建的作用在于整合各项资源，优化服务流程，提供更个性化、更便捷、更安全的档案服务，让用户体验得到充分的提升。在当前信息化快速发展的时代，各行各业也都在积极寻求智慧化的发展以提升效率、降低成本。档案管理也不例外，智慧化服务构建在档案智慧化管理中的作用也越来越受到人们的重视。

首先，服务构建在提升档案管理效率和质量方面起到了非常重要的作用。利用人工智能等先进技术手段，能够有效地简化和优化档案管理工作中的烦琐操作。采用云计算、大数据等前沿技术，对档案服务进行深度挖掘和数据分析，实现精准服务，从而节省大量的时间和人力资源。智慧化服务还能够显著地减少人为操作导致的错误，提高档案管理的准确性和规范化程度。

其次，智慧化服务构建后可以显著减少档案管理的经济负担和劳动力投入。传统的档案管理模式对人力资源的需求十分庞大，如何在确保高质量服务的同时降低成本一直是一个难题。智慧化服务引入了自动化和智能化技术，以解决传统档案管理中存在的诸多问题，如人工操作的低效率和档案手动修改的高错误率等。这种创新型的服务不仅可以实现人力成本的节约，还能够

提升工作效率。

　　最后，智慧化服务构建的最大优势在于它能够根据用户的个别需求制定出个性化的档案服务方案。这种服务模式通过信息化手段，将服务标准化，以便用户能够更便捷地获取所需的档案信息。相比传统的档案查询方式，智慧化服务具有明显的优势。在传统方式下，用户需要亲临档案室办理查询手续，这种操作十分不便，且用户体验较差。而通过智慧化服务，用户不再受时间和空间的限制，可以随时随地通过网络等方式进行远程查询。其查询速度更快、效率更高，这无疑大幅提升了用户的满意度。通过智慧化服务，用户能够轻松而快捷地获取所需的档案信息，为用户提供了更便利的服务体验。

　　综上所述，服务构建在档案智慧化管理中的作用十分显著，不仅提高了效率和质量，降低了成本和工作量，还提升了用户体验，为用户提供更个性化、更高效的服务体验，同时也能够提高管理效率，降低档案管理成本。因此，在档案智慧化管理中，服务构建应被赋予更重要的地位，成为不可或缺的一环。

三、基于云计算和物联网的档案智慧化管理服务构建

　　在智慧化档案服务领域，数字化转型和智能化应用是未来的发展趋势。档案管理机构通过数字化、网络化、智能化等手段，提高档案工作的效率和质量，满足用户的多元化和个性化需求。未来，随着人工智能技术的快速发展，智慧化档案服务也将更依赖智能化应用。例如，利用语音识别、人脸识别等技术，自动化处理和追溯档案信息的功能得以实现。这些技术的运用将会使档案管理更高效、更可靠。除了智能化应用之外，可持续性发展也将成为未来智慧化档案服务的重要方向。环境保护、社会责任等将成为档案管理

机构考虑的重点。在实践中，档案管理机构还可以在环境保护和可持续发展方面发挥作用，例如，采用绿色印刷、拒绝使用不必要的单次使用品等。

传统的档案管理方式存在着一定的局限性。基于云计算和物联网的档案智慧化管理服务构建可以实现档案管理的智能化、高效化和便捷化。其中，智能终端设备具有实时采集数据的功能，可以快速传输档案信息到云端架构中进行处理和存储。云端架构通过云计算技术，可以对海量的电子档案进行分布式存储和处理，实现快速查询和索引。移动应用作为档案管理服务的前端，可以方便地让用户查看、编辑和分享档案信息，提高了档案管理的便捷性和可操作性。此外，基于云计算和物联网的档案智慧化管理服务构建模型还具有一些其他优势。首先，该模型可以有效防止数据泄露和丢失，保障档案信息的安全性和完整性。其次，基于云端架构和移动应用本身所具有的属性，该模型具有易扩展、灵活、可定制等特点，可以根据不同的用户需求进行个性化配置和服务。最后，该模型还具有降低管理成本和提高管理质量的优势，可以减少传统档案管理所需的大量人力物力资源，提高档案管理的效率和准确性。

综上所述，基于云计算和物联网的档案智慧化管理服务构建模型是一种新型、高效、便捷的档案管理方式，可以有效地提升档案管理的智能化水平和科技含量，为各类机构和企业提供更好的档案管理服务。

第三章　档案智慧化的开发与利用

  档案作为人类文明发展的重要遗产，其珍贵的历史价值和文化意义不断被人们所重视。随着数字化技术的逐渐成熟，档案智慧化作为一种新型的管理模式，逐渐受到各行各业的关注和认可。档案智慧化管理模式主要以数字化技术为基础，采用现代信息技术手段，对传统的文献资源进行高效、全面的整理、管理和利用。整合多元化资源，优化传统管理体系，实现档案管理的信息化、智能化、可持续化和安全化，从而提升其利用效率和精度。在数字技术和信息化大潮的席卷下，档案智慧化已经成为一个备受瞩目的话题。越来越多的档案馆和机构开始倡导并推行这种新型管理模式，以适应时代的发展和满足人们多样化的需求。档案智慧化管理模式的普及，不仅是档案管理领域的一次革新，更是对传统文化和历史遗产的有效保护和传承。只有在文化传承和社会进步相辅相成的环境中，档案智慧化的管理模式才能够真正发挥其作用，为人类文明的长远发展做出积极、有益的贡献。

第一节　档案智慧化

一、智慧档案的概念

智慧档案是一种基于数字化、智能化和网络化等高科技手段的新型档案管理方式，是对传统纸质档案进行数字化转化、管理和维护的一种新方法。智慧档案是档案管理在数字时代的必然趋势，不仅能提高档案管理的效率和实用性，还能促进档案信息的共享和交流。智慧档案具有以下几个显著特点：第一，倡导广泛使用大数据、物联网、云计算、人工智能、5G等信息技术；第二，通过建立智慧档案管理服务平台、智慧档案馆室和各行业智慧应用来实现高价值数据的汇聚、管理与应用；第三，以实现新时代、新征程、新形态下档案存凭、留史、资政、育人功能为核心使命；第四，基本特征包括全流程网上办理、全要素数据治理、全方位智能服务和全领域智慧支撑。

二、档案智慧化的意义

档案智慧化的实现具有广泛的社会意义和经济价值。推动档案的数字化转型，有助于提高文献资源管理的效率。推动档案的数字化转型，不但可以降低信息获取和利用的成本，而且为学术研究和教育教学提供更便捷、更精确的数据支撑。档案智慧化可以通过数字化转型实现档案的电子化和网络化，使档案可以随时随地进行查看和检索；可以通过智能化管理实现档案的自动化分类、存储、检索和归档，减少人工管理成本和管理风险；可以通过智能化服务实现档案的在线阅读、下载和申请，方便用户的使用；可以通过智能化应用实现档案的数据挖掘和分析，为科学研究和文化保护提供良好的支持。因此，在当前信息技术不断创新的背景下，档案智慧化迫在眉睫。

三、档案智慧化的必要性

数字化档案正处于蓬勃发展阶段，而数字化档案转型升级为智慧化档案，使档案信息实现从模拟空间向数字空间转移。先前所进行的数字化转型只是档案工作转型的第一步，还需加强管理治理、重建秩序、重构功能等智慧化措施。

档案智慧化的开发与利用，首先是为了更好地保存和利用档案。传统的档案管理方式存在一些缺陷。比如，存储空间有限，对大量的档案信息保存不足；档案信息分类不够清晰，导致查询效率低下等问题。随着科技的发展，数字化技术越来越成为日常生活中不可或缺的一部分，数字化档案也成了档案管理的重要手段。数字化档案采用数字技术进行信息的保存和管理，具有容量大、保存时间长、操作灵活、查找快捷等诸多优点，这就使档案的保存和利用变得更方便、更可靠。档案智慧化则进一步将数字化档案引向了深度应用的阶段。它将智慧化技术与档案管理相结合，实现档案管理的智能化。

智慧档案是应用数字技术、人工智能和数据可视化技术来管理和处理档案的一种新型方式。其核心特征包括数字化、智能化和可视化三个方面：①数字化的实现需要利用扫描、转化、存储和备份技术，将传统的纸质档案转化为电子档案，实现档案信息的数字化存储和管理。②在数字化的基础上，智能化技术通过构建智能化检索、智能化分析和智能化应用的档案管理系统来加强档案的管理和应用，使用户可以更快速、更准确地获取所需信息，并进行高效的数据分析和应用。③可视化技术则通过数据可视化手段将档案信息以图表、词云等形式展现出来，使用户更易于理解和应用。智慧档案的核心特征结合起来，可以有效提高档案管理和应用的效率和精度，为社会各个领域的信息处理提供坚实的基础支持。

智慧档案是数字化技术在信息管理领域的重要应用之一。数字化技术在智慧档案系统中的应用主要涉及数字化硬件、软件、网络化平台和智能数据存储技术。数字化硬件包括各类扫描设备、高速文本识别设备、数据传输设备和存储设备等，可将纸质档案、图像文件等形式的信息进行数字化转换，并实现快速传输与共享。数字化软件包括文档管理软件、归档管理软件、元数据管理软件、图像识别软件、数据挖掘软件等，这些软件能够帮助用户进行信息分类、标记、检索、分析等操作，大幅度提高信息利用效率和准确性。网络化平台指通过局域网、云平台等方式实现智慧档案信息的存储、管理和共享。智能数据存储技术指对智慧档案中的关键信息进行备份、保护和存储，保证信息的安全性和可靠性。因此，数字化技术在智慧档案中的重要性不容忽视，其实施对信息化建设和数字化转型至关重要。

由于智慧档案采用了数字化技术，它在实现档案信息共享和交流方面具有显著优势。传统纸质档案通常需要通过邮寄或者快递等方式进行共享。而智慧档案则通过网络实现档案信息的即时共享，不仅降低了档案信息共享的成本，还缩短了共享时间，提高了工作效率。同时，智慧档案还可以有效地保护档案信息的安全。传统纸质档案存在易丢失、易损坏等问题。而智慧档案保存在云端服务器上，不仅能够保证档案信息的完整性和安全性，而且还可通过智能化系统对档案信息进行加密和审计，有效防止信息泄露等安全问题的发生。

　　智慧档案的应用推广是档案管理在数字时代下技术手段发展的必然趋势。它通过数字化、智能化和网络化等手段，提高了档案管理的效率、实用性和安全性，促进了档案信息的共享和交流，在现代化档案管理方面具有广阔的应用前景。数字技术的不断发展，改变了档案管理过程、对象以及信息资源管理形式，促使档案管理工作得以更好地开展，有序推进各项工作的顺利进行。因此，档案智慧化的开发与利用逐渐成为当前档案工作领域内的热点问题。①

四、档案智慧化技术

（一）档案智慧化技术的基础

　　档案智慧化技术指利用先进的技术手段对传统档案进行数字化转化和智能化升级，以提高档案管理的效率和质量。档案智慧化技术的基础包括数字化技术、数据挖掘技术、自然语言处理技术、知识图谱技术、大数据技术等多种技术手段。

　　数字化技术是档案智慧化技术中最重要的基础，它实现了数字化档案的数字化存储、数字化加工、数字化传输等功能。数字化存储技术可以将传统纸质档案转换成电子档案，实现档案数据的长期保存和无损存储，避免了传统档案易于毁损、难以保存的弊端。数字化加工技术可以对数字化档案进行分析、整编、修复和还原，使档案的信息更完整、更准确、更可靠。数字化传输技术可以更便捷地实现档案的共享和交流，提高档案利用的效率和质量。数据挖掘技术能够发现隐含在数据中的信息和规律，并且能够通过数据建模

① 韦静怡.智慧化档案管理体系的构建与优化要点［J］.黑龙江档案，2023（3）：280–282.

和预测来提高档案的管理和利用效率。自然语言处理技术可以帮助计算机更准确地理解和处理档案中的自然语言信息，实现对档案信息的智能化挖掘和分析。知识图谱技术可以构建具有语义和关系的知识网络，支持知识检索和推理，使档案的管理和利用更智能化、更精细化。大数据技术可以应用于档案的数据存储、治理、分析和利用等各个环节，实现对档案数据的全面深入挖掘和利用。这些技术手段相互协作，为档案的有效管理和利用提供可靠的支撑和保障。

（二）档案智慧化技术的表现

数字化档案是档案管理的新趋势，也是档案智慧化技术的重要组成部分。在数字化档案建立和管理方面，将纸质档案转化为数字形式，便于存储、编目、检索、浏览等操作，为读者提供快速、方便的档案服务，大大节省了空间和人力成本。在数字档案的展示和利用方面，数字化档案可通过互联网等多种途径进行展示和利用，不受时间和空间限制，大大提高了档案利用效率和精度。在多维度数据挖掘与分析方面，由于数字化档案具有可搜索性、可复制性、可统计性等特征，可以利用数据挖掘技术对档案中包含的信息进行深度挖掘和分析。对档案中的数据进行统计、分析和比较，可以发现其中的规律和关系，提高档案利用的可靠性和精确度。在智能化交互服务方面，数字化档案可以应用自然语言处理技术和知识图谱技术实现智能对话，提供更便捷、更个性化、更精准的服务。这种服务方式可以让使用者更好地理解档案信息，提高用户在档案利用过程中的满意度和体验感。

综上所述，数字化档案是档案智慧化技术的关键所在，其应用方向也十分广泛，可以为文化遗产保护、历史研究、教育教学等领域提供更好的服务和支持。

（三）档案智慧化技术的优势

档案智慧化技术具有以下几点优势。首先，数字化档案的引入使档案文献资源能够实现长期保存和安全管理，有效避免档案资源因各种自然灾害或人为因素造成的丢失和损毁事件发生。其次，数字化档案的存在使更多的人能够轻松地获取和利用档案资源，进一步扩大了档案利用的范围和深度。再次，档案智慧化技术能够实现多维度的数据分析和挖掘，进一步发现其中蕴含的宝贵信息，为社会决策提供科学可靠的依据。最后，档案智慧化技术的应用能够极大地提高档案利用效率和精度，从而大幅度节省人力物力成本，进一步提高工作效率和服务质量。总体而言，档案智慧化技术为档案管理和利用带来了更广阔、更深远的发展前景。

五、档案智慧化开发与利用的发展

档案智慧化的开发与利用已成为档案管理领域发展的必经之路，可以通过技术融合，实现档案资产的多元化、深度挖掘、个性化服务和智能化管理。具体内容如下。

（一）数字化与数据化

应用计算机视觉及自然语言处理等前沿人工智能技术领域的相关算法，能够对档案图像进行高效扫描和图像处理，从而显著提升档案数字化的成果利用率和工作效率。与此同时，实现数字化档案的技术手段也越来越丰富：可以直接用数码相机进行拍摄，将档案以电子版图片的形式存储并为其他档案处理工作奠定坚实基础；可以利用已有的缩微胶片影像进行数字化转换；

可以借助字符识别（OCR）技术，智能地将图像转换成数据化档案，将其存储于档案库中。这些方法可以充分发掘档案中的数据价值，最大化档案资源的利用效益。

（二）物联网与大数据

利用物联网技术来实现智慧档案的深度感知功能，这一技术的应用涉及多种数据采集设备，包括手机、电脑、射频识别（RFID）装置以及红外感应器等。通过这些连接的数据采集端，档案实体得以实行电子标签化管理，从而实现对内感知信息的全面覆盖。应用物联网技术的档案管理系统的优势在于将传统档案馆内分散的碎片信息感知整合为一个统一的视角，进而实现智慧化的信息整合和衔接。通过这一系统，档案工作者能够全面了解档案信息的状态，并运用大数据技术，实现智慧档案资源的全面整合。这一操作旨在应对档案馆所面临的诸多挑战，如海量档案的存储管理、不断增加的档案种类以及难以利用和挖掘档案价值等问题。

（三）云计算与人工智能

在当今信息技术迅猛发展的背景下，云计算技术为档案的管理与服务提供了全新的可能性。通过借助云计算技术，档案馆能够拓展其功能，并提升档案管理的智能化水平。同时，结合智能库房联动管理的策略，可实现档案存管状态的可视化，将存管数据的细致化程度提升到一个全新的层次。此外，通过实时自动更新数据状态，档案馆可以实现对档案数据的可追溯性，从而方便档案统计与利用。这种全新的档案管理方式，将为我们提供更便捷、更高效的档案管理和利用手段。

（四）保护与著录

针对一些珍贵的档案资料，传统的修复和保护方法往往受限于技术和工具，难以达到理想的修复效果。然而，随着科技的飞速发展，智能图像处理技术有了巨大的突破，为这些档案的修复和保护提供了新的可能性。通过运用具备出色智能图像处理能力的技术，珍贵档案可以得到精细化的修复。这些技术能够自动分析档案的状况，精准定位损伤和老化区域，并采用先进的算法进行智能修复。它们能够模拟人类的视觉感知和修复经验，对档案进行逐像素的修复和增强，使其质量和保存价值得到显著提升。同时，随着自然语言处理和计算机视觉技术的不断进步，档案的处理能力得到进一步提高。这些技术能够自动提取档案中的视觉内容和元文件信息，如文字、图像、印章等，并进行智能分析和整理。这意味着人工处理的工作被大大简化，仅需配合机器进行少量的检查和验证，从而极大地提高了工作效率。这样的技术更新不仅为珍贵档案的保护和修复带来了革命性的进步，也为档案管理行业注入了新的活力。它们不仅提高了档案的处理效率和准确性，还提供了更多关于档案内容的宝贵信息。

（五）自动化与智能化

自动化和智能化技术是当前人工智能和机器学习领域的热点话题，其在档案管理中也具有广泛的应用前景。一方面，自动化技术可以通过设备和软件实现档案的快速分类、整理和存储等操作，这些过程可以大大提高档案管理工作的效率和准确性。另一方面，智能化技术可以实现档案检索和利用的自动化，从而提高档案检索的准确性和速度。此外，利用自然语言处理技术和知识图谱技术等方法，还可以实现对档案信息的智能化分析和挖掘，帮助用户更有效地利用档案资源。

（六）安全与隐私保护

在实施档案的智能化过程中，为了确保用户数据的安全性，可以采用很多方法。一种方法是使用加密技术。通过对数据进行加密，使数据的保密性提高，防止来自未授权方的访问。此外，利用访问控制技术来限制用户对敏感数据的访问权限，从而保护数据的机密性和完整性。还有一种重要的保护用户隐私的方法是采用匿名化的处理方式，通过对用户的真实身份和相关信息进行隐藏，来保护用户的隐私。在数据共享和交换过程中，将用户的真实身份和相关信息匿名化处理后再进行共享和交换，可以确保用户的隐私得到最大限度的保护。

第二节　档案智慧化检索

一、档案检索概述

随着社会发展和科技进步，档案资源越来越丰富，检索工作也成为越来越复杂的任务。利用档案检索工具进行查找，已经成为一种常见的检索方式。档案检索的用途在于让用户能够迅速、准确地找到所需档案信息，从而实现对档案的有效利用。用户可以通过档案检索了解档案的主要内容、时间、责任者、准确题名、档案号、载体形态等信息，并基于这些信息来决定是否调档或为调档工作做准备。这样一来，用户就能够更便捷地获取档案信息，提高利用效率，避免出现在大量档案中浪费时间和精力的情况。档案检索工作并非简单的"查找"过程，需要系统地规划和组织。在进行档案检索前，必须对档案资料进行分类、编目和编号等工作，建立统一的档案检索系统，以便用户能够轻松地找到自己所需的档案信息。同时，档案检索工作还需要对检索工具的选择、检索方式的设置等进行科学的管理和规范。[①]

智能检索技术的具体实现方式有很多，主要的技术方向是自然语言处理、机器学习、知识图谱和信息融合。[②]

（一）自然语言处理

自然语言处理（Natural Language Processing，NLP）技术是智能检索技术的重要基础，旨在利用诸如分词、句法分析以及语义分析等高级技术，精准提取用户输入语言信息中的相关关键信息，并将其与庞大的数据库中的信息进行精确匹配，以达到提升搜索精确度和优化用户体验的目的。这和先进技术的应用不仅是为了提供符合用户意图的相关信息，更重要的是为了满足用户需求，并确保信息的可靠性和有效性。因此，NLP技术在智能检索领域被广泛应用，并且已经取得了显著的成果。

（二）机器学习

机器学习（Machine Learning）被视为智能检索技术的关键组成部分之一。其基本原理在于利用大规模数据集进行模型训练，程序主体通过自动探索变量之间的关联性，从而达到提供个性化推荐和精准搜索的能力。这种方法实质上模仿了人类的学习过程，大量的数据输入和对模型参数的不断优化，使机器能够逐步改进和提升其预测和决策能力。其中一个明显的优点是能显著减少人工处理数据的工作负担，并从中挖掘出隐藏的模式和规律。管理系

① 何艳清.浅谈如何建立和完善档案检索体系［J］.办公室业务，2014（11）：40.

② 刘伟，樊海玮.人工智能赋能高校档案检索技术研究［J］.档案天地，2023（6）：28-31.

统通过机器学习，能更深入地理解数据的本质，发现其中潜藏的信息，提供更准确、更个性化的服务。因此，在各个领域中，机器学习的应用范围正在不断扩大，为人们的生活和工作带来了巨大的便利。

（三）知识图谱

知识图谱（Knowledge Graph）是智能检索技术中的另一个核心技术。它以一种让人容易理解的方式，将各种类别的信息数据有机地组织起来，形成一个图形化的结构。这种结构旨在整合和提炼知识，以实现更准确、更丰富的信息检索。通过这种方法，知识图谱能够将碎片化的知识点连接起来，构建一个共享的知识网络，为用户提供跨领域的综合信息查询和挖掘。人们可以利用这个强大的图谱系统来探索和发现各种知识之间的关联，进而满足更广泛的学习和研究需求。而且，知识图谱还可以帮助用户更好地理解和应用知识，促进知识的传播和分享，为未来的智能化社会建设提供战略支持。

（四）信息融合

信息融合（Information Fusion）技术是智能检索技术中整合多种数据源的技术。将网络上各个不同来源的数据进行整合，能够有效地消除冗余信息，提升检索结果的准确度。这种技术的应用使数据的综合利用得以实现，从而使信息检索能够更全面、更精确。它能够综合各种来源的数据，包括文本、图像、视频等，将其融合成一个完整而且准确的信息集。通过这种方式，我们能够更好地理解和分析所获得的信息，并且能够从中提取出有价值的知识。信息融合技术的重要性在于它能够满足人们对不同类型、不同领域的信息需求，并且能够以更全面、更准确的方式将这些信息呈现给用户。这种技术的应用使我们能够更高效地利用信息资源，提升信息检索的效率和质量，从而带来更好的用户体验。

二、档案检索利用的现状

随着社会的信息化程度日益加深，档案馆的检索与利用功能愈发显得不可或缺。然而，当前在这一领域中，我们仍面临一系列亟待解决的问题。尽管许多档案馆已经装备了先进的检索与利用设备，并设立了专门的阅读区域，但仍有部分档案馆尚未跟上这一步伐。这导致了馆藏资源之间的孤立，缺乏一个统一的共享机制。档案检索服务体系在整体上仍显得不够完善，亟须进一步的建设。想要打破这种孤立状态，促进资源的共享与高效利用，必须加强体系建设，推动各档案馆之间的紧密合作与协调。

同时，我们也注意到，部分档案馆在检索服务方面存在明显的滞后。它们尚未设立专门的检索端口，更未建立档案的网络化管理平台。这种现状显然与大数据时代的需求存在较大差距。为了满足人们对档案检索与利用的高涨需求，必须迅速行动起来，加快检索服务平台的建设步伐，努力提升档案检索的效率和精度。在档案检索技术方面，现状同样不容乐观。目前，仅有不到一半的档案馆采用了浏览器／服务器模式，而部分档案馆则依然停留在客户机／服务器结构模式，甚至还有一些档案馆仍在使用单机版模式提供检索服务。这些现象表明，我们的检索技术水平还有待提升。为了实现档案检索的智能化与自动化，必须加大技术研发的力度，并积极推广先进技术的应用。令人担忧的是，大部分档案馆在档案智能化检索技术的研究与应用方面还处于空白状态，仅有少数档案馆进行了相关的开发研究并设立了专项经费。这种资源投入不足的现象严重制约了档案检索服务的发展，检索服务的软环境建设亟待加强。为了改变这一现状，必须积极引导各档案馆增加研发资金的投入，重视专业人才的培养，全面推进档案智能化建设，不断提升检索服务的环境和品质。

面对社会信息化的大潮，必须正视并解决档案馆在检索与利用方面存在的问题。应当加强体系建设、推动技术革新、增加投入并培养专业人才等多方面的努力，构建一个更完善、更高效、更智能的档案检索与利用体系，为社会提供更优质、更便捷的档案服务。[1][2]

三、档案检索体系的建设

在档案管理中，建立一个合理、实用的档案检索体系至关重要。其可以为用户提供有效的查找途径，满足用户需求。该体系必须满足以下若干要求。

首先，必须由两种或以上的不同检索工具组成，并且应该在分工关系与互补性之间保持平衡。这有助于从不同角度揭示馆（室）藏档案的内容与特征，提供更多查找线索及提高查找效率。此外，需要考虑档案馆（室）类型、规模、任务和收藏档案特点等实际因素，以人力、物力为条件，建立适合本馆（室）的实用检索体系。

其次，建立检索体系时必须注重效率与实用性。档案检索体系应该是一个综合型的、多种层次的、多种结构的有机整体。这样便可提供更多信息和线索，提高效率和准确度。此外，手检与机检在转换时也需要注意衔接，著录时应按照《档案著录规则》的规定进行。

最后，避免重复和平行的问题，保持每种检索工具的专一性。因此，应

① 蔡亚琼.大数据时代档案检索利用的现状与展望［J］.城建档案，2021（1）：66-67.
② 张倩.智慧型高校档案信息检索服务环境研究［J］.山东档案，2018（2）：19-23.

确立以分类目录为主导的档案检索体系，正确处理好开放目录、公务目录、分类目录和其他目录之间的关系，消除检索工具之间的平行和重复，使每种工具都有其独特的检索功能。①

综上所述，建立一个合理、实用的档案检索体系是一项复杂而精细的任务。上述要求的满足，不仅能够为用户提供更高效、更准确的档案查找服务，还能推动档案管理工作的持续优化与创新。

四、档案检索的发展趋势

（一）档案著录的发展

在档案工作中，档案著录是一个非常重要的环节。由归档前文件的生成者对档案进行初步著录和标引，能够避免文件归档后到档案工作者手中时某些要素的丢失，有利于更全面、更准确地记录档案的各个元素，充分反映档案的价值，方便社会更广泛地利用档案。就我国目前的情况而言，档案著录规则已经实行多年，规定了著录的基本要求和原则。然而，这些规则在著录层级上显得过于简单，缺乏更精细的划分。因此，及时完善我国的档案著录标准，采用更具体、更全面的多级著录方式，是我国未来档案著录工作需要努力的方向。在档案著录的过程中，重视规范化工作的意识至关重要，必须按照统一的标准进行操作，以减少个人主观意识对结果产生的干扰。同时，注重提高著录人员的专业素养，确保著录结果的准确性和完整性。

---

① 何艳清.浅谈如何建立和完善档案检索体系［J］.办公室业务，2014（11）：40.

（二）档案检索工作的优化

档案检索工作在档案利用过程中扮演至关重要的角色。改善检索语言将有助于降低档案利用的门槛，提高档案的利用效率。为了实现检索语言的优化，有必要对档案专业检索语言中那些晦涩难懂的内容进行改良，使之更易为人理解。同时，可以考虑开发相应的自然语言处理辅助系统，并尝试建立档案利用者标引系统，研究公众和专业检索语言之间的差距，以便改善和优化档案检索语言，使之更贴近社会公众的使用习惯。除了优化检索语言，建立多元化的档案检索工具也至关重要。因此，有必要根据不同的档案利用需求来建立各类不同的档案检索工具，为利用者提供更多样化的检索途径。

（三）完善档案检索体系

对于建立完善的档案检索体系，提高制度的标准化程度具有至关重要的意义，有助于打破各地区、各部门以及各行业之间存在的诸多档案检索障碍。为实现这一标准化目标，应当积极实施一系列统一的档案著录标引规则，并全面构建健全的档案检索系统。同时，还可以通过联合著录标引、共同开发档案检索系统、协力提供档案查找服务等多种途径，推动各部门之间的工作联系与信息共享，进而建立完善的档案检索机制。此外，有必要建立档案检索工作的绩效考核制度，激励档案从业人员不断提升专业水平，提高档案著录标引质量，起到更好的业务促进作用。

（四）建立完善的更新与反馈机制

档案检索工作需要不断更新和完善，才能满足日益增长的档案信息利用需求。因此，建立完善的更新与反馈机制非常重要。为了实现档案著录标引的更新，可以加快对电子档案著录标准的制定步伐，增加档案著录层级。同时，应及时淘汰检索语言中过时的词汇，补充新的词汇，并调整词汇之间的层次关系。对于检索标引中不准确和不完整的部分，应及时更新。此外，在更新机制的同时，也需要建立反馈机制。档案工作者应该反馈在业务和技术上发现的问题，以及在著录标引、分类、查找中投入与产出之间的对比信息。档案利用者也应该在利用档案的过程中和利用结束后做出反馈，包括遇到的概念理解和技术上的问题、检索到的档案内容与自身需求间的对应程度、对档案著录标引的意见与建议、对档案工作者检索服务的评价。这样可以帮助档案工作者了解利用者的需求和使用情况，从而逐步完善档案检索工作。[1][2]

第三节　档案智慧化编研

一、档案编研工作概述

2021 年，中共中央办公厅、国务院办公厅印发的《"十四五"全国档案事业发展规划》指出："档案工作是维护党和国家历史真实面貌、保障人民群众根本利益的重要事业。经验得以总结，规律得以认识，历史得以延续，各项事业得以发展，都离不开档案。"[3] 档案的编研工作与专门的学术研究有所不同。学术研究侧重于著书立说并向社会提供学术成果，档案的编研工作则以

① 马仁杰，谭亚楠，王沐辉.论我国档案检索工作中存在的问题与改进对策［J］.档案学通讯，2016（3）：42-45.

② 史江，李金峰.档案利用信息反馈工作的问题与对策探讨［J］.档案学通讯，2007（3）：27-31.

③ 中华人民共和国国家档案局.中办国办印发《"十四五"全国档案事业发展规划》［EB/OL］.（2021-06-09）［2024-01-03］.http://www.xinhuanet.com/2021-06/09/c_1127547692.htm.

这些史料为基础，通过整理、汇编和公布档案史料，配合编史修志等研究活动来充分发挥其优势。其旨在主动提供相关档案服务，满足各行各业利用档案的需要。同时，编研工作还包括对已经出版的历史著作进行史实印证，研究一定的历史问题，并撰写历史著作和文章，以参加编史修志等活动。编研工作有两个方面的含义：一是"编"，即编纂；二是"研"，即研究。所谓编研工作，就是按照一定的题目，通过对大量档案材料的研究，从中选出对国家政治、经济建设和科学、历史研究等各个方面具有一定价值的文件材料，进行编纂加工，用各种形式把档案编纂成书，提供给党政领导和科研部门利用。

（一）档案编研工作创新的主要内容

1. 档案研究需求多元化

近年来，随着社会和经济的飞速发展，档案研究已经从过去的狭窄领域转化为一个越来越广泛的学科领域。越来越多的人认识到档案研究的重要性，并迫切希望通过这一学科揭示历史事件、名人事迹、机构运作、文化遗产，以及社会风貌等方方面面的知识。随着不同读者群体的需求和特殊问题的增加，档案研究也在不断演变和完善。例如，在历史事件的记录与研究的领域中，档案研究能够利用各类档案资料，搜集并整理相关历史信息，为研究者提供更详尽、更准确的历史数据，从而更深入地探究历史事件的背景和演变经过。

同时，在对人物或机构的深入探索方面，档案研究亦扮演着极其重要的角色。研究者通过广泛搜集和深度分析各类档案文件，能够深入了解有关人物及机构的渊源、发展脉络，以及其所处的复杂社会和文化背景，从而更全面地洞悉这些举足轻重的人物和机构的独特特点和深远影响。此外，对于文化遗产和民俗风情等领域的研究，档案研究同样能够提供丰富多样的资料和信息。各类档案文件同样可以让人更深入地探索文化遗产和民俗风情的历史渊源、发展历程，以及涉及其中的社会和文化元素，为保护和传承这些珍贵文化资源提供有力支持。当然，在选择开展档案研究时，需要重视灵活性和实用性。只有充分考量市场需求和研究成果的实际应用，才能更好地满足各界读者的需求，为档案研究的蓬勃发展开辟更广阔的空间。

2. 创新思维拓展空间

档案编研工作者应秉持更宽广的视野，勇于突破档案本身固有的局限，积极投身于与档案紧密相关的多元化研究合作之中。他们应将"大编研"理念作为行动指南，不断推动档案编研工作向前发展。在这个过程中，档案编研工作者应特别注意将历史的厚重感与现实的鲜活性紧密结合起来，既要关注那些具有深远影响的历史事件，也要敏锐捕捉当下社会中的热点话题。通过深入挖掘和整理档案信息，不断为其注入新的活力，使档案编研工作更切合时代环境，在社会中的认可度和应用价值进一步提升。

为了实现这一目标，档案编研工作者应积极拓宽合作领域，与其他学科领域的专家学者进行深入的交流与合作。应吸收其他学科的研究思维和方法，将其巧妙地融入档案编研工作中，丰富档案研究的内容和深度。此外，档案编研工作者还应充分利用现代科技手段，对大量的档案资料和信息进行深入的挖掘和整理。应运用创新性的展示方式，将档案信息以更生动、更形象的形式呈现给公众。通过这种方式，档案编研工作者不仅能够吸引更多的读者，还能够使档案信息在社会中得到更广泛的传播和应用。在"大编研"的过程中，档案编研工作者还应不断提升自身的跨学科综合能力。应掌握信息技术、传媒传播、市场营销等多方面的知识和技能，以便更好地适应时代发展的需要，推动档案编研工作不断向前发展。

3. 传统档案数字化

随着网络技术的普及应用，传统纸质档案在满足人们日益增长的多样化需求方面显得力不从心。与此同时，新兴的电子档案以其独特的形式和便捷性，为档案编研人员带来了前所未有的媒介和可能性。通过网络主题展览和专用档案展览网站的设立，档案编研工作得以注入新的活力与朝气，展现出更吸引人、更富有创意的面貌。网络主题展览以其丰富的内容和多样的形式，将档案编研成果呈现给广大公众，使更多的人能够接触和了解档案文化。而专用档案展览网站则成为一个全天候、全方位的展示平台，为公众和用户提供一个能随时随地互动交流档案编研成果的空间。这些创新的展示方式不仅提升了档案编研工作的社会影响力，也增强了公众对档案文化的认识和兴趣。与此同时，数字化科技的广泛应用为档案资料的搜索、浏览、挖掘与利用带来了革命性的创新。通过利用各种数字化工具和平台，人们可以更高效地检索和获取所需的档案资料，突破了传统纸质档案在时间和空间上的限制。这种数字化处理方式不仅提高了档案资源的利用效率，也为其赋予了更高的价值。[1]

（二）实现档案编研工作创新的有效措施[2]

1. 更新编研工作观念，拓展编研选题思路

自党的二十大召开以来，我国的经济发展呈现出蓬勃的态势。档案工作作为一个关乎信息管理的行业，因其独有的功能和作用也开始得到更多的重视。如何通过档案工作为国家的经济发展提供有效的支持，是档案馆编研人员一直以来需要面对的问题。要真正实现这一目标，需要高度关注本地区的

---

[1] 王鲤颖. 档案编研工作的创新性思考与探索［J］. 办公室业务，2023（17）：159–161.

[2] 王鲤颖. 档案编研工作的创新性思考与探索［J］. 办公室业务，2023（17）：159–161.

经济、政治和文化等多方面的发展情况，寻找符合当前社会需要的突破口、切入点和结合点，使档案编研工作与社会大环境相融合。只有将服务于经济建设作为中心，把档案编研工作与本地经济建设相结合，才能使档案编研工作的重心逐渐转向为经济建设服务。在实践中，档案工作者可以结合本地经济发展的实际要求，研究相关领域的文件和资料，进行梳理和整理，以期为其他部门各项工作提供更好的支持。同时，还可以探索并开发与经济发展密切相关的历史文化遗产，并加以保护和传承，为经济发展提供更广阔的空间。因此，档案编研工作不仅是信息管理，更是服务于经济建设的重要力量。只有紧密结合经济建设的实际需求，才能为国家的经济发展提供更有效的支持和帮助。

随着社会经济的不断发展，各地区在不同历史阶段的档案工作重点也经历了显著的转变。为了满足当地政府在不同时期的工作需求，档案编研工作显得尤为重要。在编研工作中，不仅要关注当地历史阶段的工作重点，还要敏锐地捕捉区域内新的增长动力。在我国市场经济迅猛发展的今天，各地正不断打破传统的经济格局，积极进行行业结构的优化调整。各类市场资讯层出不穷，提供了丰富的数据和信息。因此，需要密切关注新兴产业、先进制造业等领域的发展趋势，深入剖析这些领域的市场前景和潜在机遇，以便为相关领域的档案编研工作提供有价值的建议。除了经济发展，文化也是各地区的独特魅力所在。因此，在选择编研主题时，还应关注与区域特色文化相关的内容。深入挖掘当地的文化底蕴和特色，可以更好地推动文化创意产业的发展，为当地经济注入新的活力。同时，这也有助于提升当地的文化软实力，增强区域文化的影响力和竞争力。

2.掌握编研前沿信息，改变编研工作方法

在信息化时代，档案编研工作面临前所未有的机遇与挑战。为了适应这个时代的变革，必须不断创新、打破常规，并加强研究力度，确保编研工作紧密贴合实际，避免与实际需求脱节。面对基层档案部门中大量老旧档案和相对滞后的信息资源，提高编研水平成为一项紧迫而重要的任务。为此，必须采取措施来推动档案编研工作的进步。

一方面，需要突破现有的工作方式，不再局限于传统的编研模式。要注重馆内与馆外的有机结合，充分利用各种资源，共同研发新模式。通过加强与外部机构的合作与交流，可以获取更多宝贵的档案资料，为编研工作提供更丰富的内容。同时，应该积极探索多渠道、多形式的编研工作路径。自编、合编、委托等多种方式都可以选择，以适应不同项目的需求。通过多样化的编研方式，可以更好地挖掘档案的价值，提高编研成果的影响力。为了进一步提升编研质量和水平，还需积极参与上级档案部门组织的共同编研项目。这不仅为我们提供宝贵的实践机会，还可以借助上级部门的资源支持，提升我们的编研能力。同时，可以邀请专家进行指导，借助他们的专业知识和经验，推动编研工作的深入发展。

另一方面，应该与兄弟档案部门、市直单位、镇街、党史、地志、文物等部门建立紧密的合作关系。跨部门、跨领域的合作，可以形成最佳的编研结构，共同推动编研成果的开发和利用。这种合作模式不仅可以提升编研水平，还可以扩大编研成果的影响力，为社会各界提供更多有价值的档案信息。在这个信息爆炸的时代，档案编研人员更需要具备敏锐的洞察力。要勇于走出档案馆，到外面去接触最新的信息，了解社会的需求和变化。档案编研人员通过与外界的交流与合作，不断提升自身的认知水平和编研能力，为档案事业的发展贡献更多的力量。

3. 增强编研服务意识，重视编研宣传媒介

我们必须清醒地认识到，过去档案服务行业在服务意识上的不足已经给

整个行业带来了一些负面影响。这不仅体现在服务质量不高，更体现在未能充分满足广大人民群众对档案编研工作的迫切需求。为了扭转这一局面，必须摒弃传统的消极态度，迅速提高服务水平，不断提升编研工作的时效性。同时，我们也要重视档案编研的宣传工作。专业刊物是宣传编研工作的有效媒介之一。在编辑和发行档案编研刊物的过程中，必须坚守高质量的原则，确保所呈现的内容与广大群众的现实需求紧密相连。档案编研刊物不仅要内容丰富，涵盖各类历史事件、人物传记、建筑景物等第一手资料，还要注重易读性和独特性，让每一位读者都能轻松领略到档案的魅力。这些刊物，在未来或许同样会成为档案编研相关的珍贵史料。它不仅能够促进当下档案编研领域的学术交流，也能为后世的学术研究提供有力的支持。

此外，我们也必须认识到，好的作品不仅要有丰富的内涵，还需要有一个良好的外在表现。随着人们审美意识的不断提高和对各类文学作品需求的日益多样化，我们必须紧跟时代步伐，注重档案编研成果的包装和呈现方式。要兼顾当代社会的阅读特点，注重内容和形式的完美结合，让每一份档案编研成果都能激发读者的阅读欲望，提升其在社会上的影响力。

当然，宣传和推广也是档案编研工作中不可或缺的一环。一部优秀的作品，即使内容再丰富、形式再美观，如果缺乏足够的宣传和推广，也难以被大众所知晓和接受。同样地，如果没有对档案工作及相关内容做好科普与宣传，就不会有太多的人重视档案编研工作。因此，必须充分利用各种广告渠道和宣传手段，让"档案"这个词从一开始就深入人心。通过广泛的宣传和推广，档案研究成果能够为更多的人所了解和利用。

二、数字档案编研

新一代的信息技术，如大数据、云计算、物联网等，给社会发展及变革带来了深远的影响，推动着人类社会进入数字时代。数字时代的档案，无论是形成环境、形式内容、管理过程还是利用服务等，都在与信息技术深度融合。数字档案编研就是以数字档案资源为基础，利用先进的信息技术进行档案编研、整合开发和深层挖掘等，形成便于在数字环境下实现档案价值的成果，供社会各界利用。数字档案编研是因档案编研与信息技术的融合而产生的，是档案编研在数字时代具体表现的产物。要理解数字档案编研，需要关注它的着眼点和落脚点，以便更好地实现数字档案编研的目标。

结合《人工智能 知识图谱技术框架》中的规定，人工智能赋能档案编研的途径可以通过三种不同的形式来实现。首先是自主编研。这是一种利用人工智能技术和知识图谱中的数据的方式，通过可视化的方式，结合语义检索、推荐和大语言模型，来实现自主编研的模式。这种模式可以深度挖掘和利用档案内容和知识，比如，一些档案部门根据《数字档案馆建设指南》和《电子文件归档与电子档案管理规范》搭建了智能编研模块，只要输入关键字、时间节点、事件等信息，系统就可以自主按照模式进行汇总，实现档案内容的全自动化智能化录入。

其次是方式创新。人工智能和虚拟现实的发展使得档案编研形式更丰富多样，能够提供更逼真的展览素材。例如，利用人工智能技术可以对旧时留存的影像和图像资料进行修复，或根据现有的文字制作出对应的新图像，为档案编研成果创造了新的表现形式。同时，新形式的编研成果更加生动，我们还可以结合虚拟现实等技术，开发多维度的编研成果展览方式，进一步提高大众在档案编研事业上的参与意愿。

最后是智能推送。人工智能可以通过语义分析使用者的需求，对关联内容进行智能推送，提高使用者的查询效率。同时，利用海量档案语言模型，可以进行档案内容的事件抽取和文本摘要抽取，从而建立后台事件数据库和摘要数据库，为档案编研利用提供内容创新的服务。这种方式能够更好地满足利用者的需求，提供更个性化的内容推送和查询体验。[①]

（一）数字档案编研的特点

数字时代的到来，不仅给我们的生活方式带来了影响，同时也引发了生产方式的变革。在数字档案编研方面，传统的档案编研方法已经难以满足时代发展的需求。数字档案编研不仅需要将数字技术应用于档案编研工作，更需要在选材、选题、编写和利用等方面进行全方位的创新和改进。

首先，数字档案编研秉承开放协同的理念。这意味着数字档案编研不仅要向参与档案编研的主体和客体敞开大门，还要以协同的视角来处理彼此之间的关系，推动档案编研工作的顺利开展，实现档案编研的目标。在这个过程中，数字档案编研需要注重开放思维，以便更好地协同工作，促进信息共享和互动，增强档案编研成果的创造性和可持续性。

其次，数字档案编研坚持"大而全"与"小而精"相融合的思路。传统的档案编研一般注重形成大而全的系统性成果，但在数字档案编研中，需要能够适应网络平台传播特点和公众获取信息、利用信息的需求。因此，数字档案编研一方面注重编研成果的轻量化，即围绕某一选题、内容集中，形成便于网络传播和公众在线获取利用的成果；另一方面则要精益求精，注重选题选材契合公众需求，采用微叙事的方式提升编研成果的可读性。

① 倪榕."人工智能＋档案"视角下档案智慧化标准化服务体系建设探究［J］.大众标准化，2023（21）：8–10.

最后，数字档案编研注重应用各种新技术工具，以与信息技术的深度融合为依托，完成大量的数字编研成果。信息技术的快速发展深刻影响着各行各业，数字档案编研也是信息技术发展推动的必然结果。因此，在数字档案编研中，从选题、选材、编写到编研成果的呈现，都应充分应用信息技术，根据不同编研环节的特点，采用信息收集、分析、挖掘和可视化等技术，提供满足公众需求和适应社会发展的高质量编研成果。[①]

数字档案编研是一个全新的领域，在数字化时代的背景下，它需要不断地发展和改进。贯彻开放协同的理念、坚持"大而全"与"小而精"相融合的思路以及应用各种新技术工具来进行数字档案编研，可以更好地适应时代的发展和需求，为社会带来更多的价值。

（二）数字档案编研的方法

数字档案编研是档案管理与应用的重要形式，而以先进技术为支撑的新方法则是其重要特点之一。近年来，随着科学技术的飞速发展，各种新技术不断涌现出来，数字档案编研的方法更多元化、丰富化。在数字档案编研中，需要广泛应用一切可以应用的现代技术。例如，在档案数字化和档案数据化方面，数字化技术可以将文化遗产数字化，使其得到更好的保存、利用和传承；数据化技术可以通过对数据的分析和处理，挖掘出有价值的信息，为编研成果的提升提供重要的支持。除此之外，在对素材进行编写和研究的过程中，信息组织、信息分析、数据挖掘、知识发现等技术也逐渐成为数字档案编研的必备工具。这些技术的应用可以大幅提升编研效率和编研成果的科学性，同时也为数字化档案管理提供有力的支撑。值得一提的是，数字档案编研与新媒体、移动终端的结合也逐渐成为一种趋势。通过信息可视化和公众

---

① 王英玮，陈智为，刘越男．档案管理学（第五版）[M]．北京：中国人民大学出版社，2021：98.

喜闻乐见的方式，数字档案编研成果可以更直观、更易于理解地展示给公众，让这些资源变得更丰富和有价值。[①]

第四节　档案提供利用与智慧化服务

一、档案的提供利用

（一）档案提供利用的意义与方式

档案利用工作，是档案部门通过一定的方式与方法，直接提供档案，为利用者服务的一项业务方式。在档案利用工作中，档案部门采取一系列措施，直接向利用者提供档案信息，以满足各种需求。这些工作包括：对馆（室）藏档案信息进行深入研究和了解，熟练掌握各种档案检索工具的使用方法；分析社会对档案信息的需求，预测未来的发展趋势，为档案用户提供及时、准确的咨询服务；积极发掘档案中相关的线索，为档案用户提供全面的信息，以满足他们的需求。此外，档案利用工作还包括向利用者介绍馆（室）中的相关档案信息，以及为他们提供必要的服务和支持。[②]

[①]　王英玮，陈智为，刘越男．档案管理学（第五版）［M］．北京：中国人民大学出版社，2021：102.

[②]　河南财政金融学院．档案利用工作的含义［EB/OL］．（2019-11-28）［2023-11-20］.https://zhdag. hafu.edu.cn/info/1055/1190.htm.

档案利用服务工作有多种方式可供选择。根据档案馆提供给档案用户的利用对象的不同，可将利用服务方式分为不同类别，这种划分如图 3-1 所示。

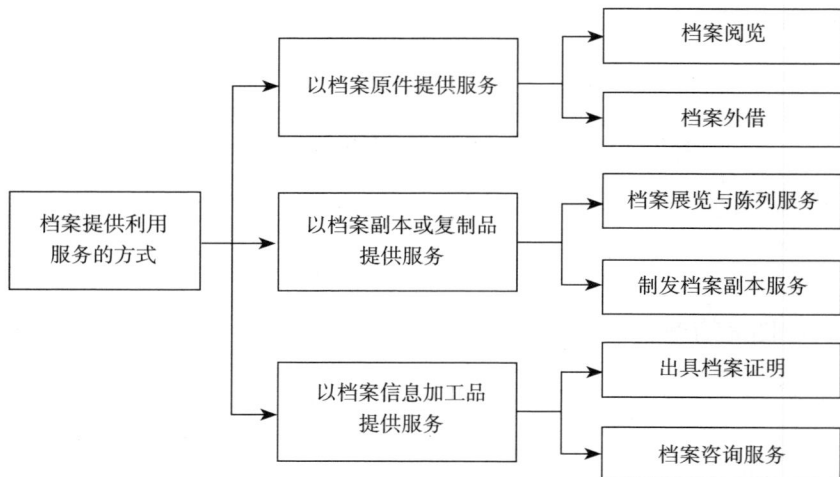

图 3-1　档案提供利用服务的方式

资料来源：向阳，吴广平，陈金艳.档案工作实务（第三版）［M］.北京：北京大学出版社，2022：47.

（二）提供利用档案要注意的问题

1. 准确性问题

档案信息资源作为对历史负责的唯一的证据性材料，对处理事物和解决问题发挥了极为重要的作用。它不仅是历史真相的忠实记录者，更是面对现实问题时，做出正确判断和决策的重要依据。完整且准确的档案信息，对于公正、公平地解决问题具有决定性的意义。这些资料提供了详尽的事实依据，帮助深入剖析问题的本质，从而让决策者做出最为恰当的判断和决策。反之，如果档案信息不完整或存在误差，那么它们就无法完整地反映事物的整个发展和变化过程。尤其对于那些跨越时间很长的历史遗留问题，不完整的资料往往会导致我们对其正确性产生误判，进而在处理问题时产生负面影响，甚至带来不良后果。因此，如何确保档案信息的准确性，便成为我们利用这些资源时必须面对的重要问题。只有获得准确、全面、完整的依据性材料，才能对问题做出正确的判定和分析，从而找到最佳的解决方案。任何不完整的依据性材料，都有可能在问题的处理过程中产生错误的判定，进而带来不可预料的后果。

2. 完整性、系统性问题

事物是不断演变、持续发展的。要想真正洞悉一件事物的本质，揭示其内在的逻辑和脉络，必须深入挖掘其发展的全貌，追根溯源，探究其起始、发展和演变的每一个阶段。我们绝不能以偏概全，以事物的某一短暂阶段或某个节点来代表其整体发展进程。任何这样的简化或替代，都无法真实、全面地反映事物的本来面貌。在提供档案利用的过程中，必须格外注重完整性和系统性。档案不仅是冷冰冰的文字和数据，更是历史的见证，是事物发展的忠实记录。同时，在利用档案时，必须审慎行事，认真审核和查阅与整个事物和问题处理相关的全部材料，确保不遗漏任何关键信息。不能仅仅关注某个片段或某个环节，而是要将整个事物的演变过程完整地呈现出来。只有这样，才能正确处理和分析问题，使档案真正发挥其作为依据和凭证的作用。否则，如果档案利用工作忽视了完整性和系统性，那么这些档案就会失去其应有的利用价值，无法为我们提供准确、全面的信息支持。与之对应的，在查阅利用档案时，必须时刻牢记完整性和系统性的重要性，确保所获取的档案信息能够真实、全面地反映事物的全貌。这样，才能更好地利用档案，发挥其应有的作用。

3. 实效性问题

在档案提供利用上一定要考虑实效性问题。因为政策和制度性问题只能依据当时的政策去解决，已经处理完毕的问题不能按照现有的政策和标准执行，只能按照问题发生时的实际情况去执行。在这种情况下，需要档案人员为利用者提供同一事物发展的不同阶段的信息。每一件事物都有其独特的历史背景。需要根据当时特定时期、特定环境下做出的政策性文件和制度来评定处理事物的手段。各时期的档案提供利用服务，只有在当时特定的环境下才能生效，不能偏离事物的特定环境。否则，利用档案出具证明不能如实地反映事物本来面貌。尤其对法律事务部门来说，只有最真实、最准确地反映事物的实际情况，才能对一些纠纷性的问题做出公平、公正的判断。

综上所述，在提供利用档案的过程中，要本着高度负责的工作态度，对提供利用的档案一定要认真审核，询问查阅的具体内容，要注意服务的准确性、完整性、系统性，同时还要兼顾实效性。这样，才能为正确处理和解决问题提供有力的证据，才能充分发挥档案的价值作用。①

（三）开放档案

1. 开放档案的含义与条件

开放档案就是将一般可以公开和保密期限满的档案，解除"禁闭"，向社会开放，允许档案用户在履行简便的手续后，即可通过一定的方式，获取档案并进行开发利用的一种做法。2020 年 6 月 20 日，第十三届全国人民代表大会常务委员会第十九次会议修订通过的《中华人民共和国档案法》第二十七条规定："县级以上各级档案馆的档案，应当自形成之日起满二十五年向社会开放。经济、教育、科技、文化等类档案，可以少于二十五年向社会开放；涉及国家安全或者重大利益以及其他到期不宜开放的档案，可以多于二十五年向社会开放。国家鼓励和支持其他档案馆向社会开放档案。档案开放的具

---

① 王艳春. 档案提供利用过程中要注意的问题［J］. 兰台世界，2018（S1）：95–96.

体办法由国家档案主管部门制定，报国务院批准。"[①] 据《中华人民共和国2023年国民经济和社会发展统计公报》显示，年末全国共有档案馆4154个，已开放各类档案23827万卷（件）。[②] 开放档案应当遵守有关法律、行政法规的规定，不得损害国家安全和利益，不得侵犯他人的合法权益。以下是开放档案的主要条件。

（1）物质条件

档案馆必须根据开放档案的客观需要，加强基础工作建设。对准备开放或业已列入开放范围的档案，应加强整理和鉴别，使之有目可查，有规可依。档案的内容应依据国家有关保密法规文件的规定，进行认真的鉴别核查。此外，档案馆还应为用户提供较好的阅览条件、复制条件。对于特别珍贵的档案及那些易损的档案（包括录音档案、录像档案等特殊载体的档案文件），档案馆应能为用户提供内容相同的复制件。

（2）检索条件

为了满足用户在多个途径上的检索需求，档案馆需要准备齐全的检索工具，建立完善的检索体系。在充分利用现有案卷目录的基础上，档案馆还需要编制开放档案目录，这是实现开放档案的必要条件，并且是开放档案工作中的一个重要方面。开放档案目录不仅可以满足档案用户直接查找的需求，还可以让用户在检索过程中熟悉和了解相关档案信息线索，扩大档案的开发利用范围。

（3）制度条件

根据2020年发布的《中华人民共和国档案法》第三十二条的规定："属

---

① 中华人民共和国档案法［EB/OL］.（2020-06-21）［2024-01-02］.https://www.gov.cn/xinwen/2020-06/21/content_5520875.htm.

② 国家统计局.中华人民共和国2023年国民经济和社会发展统计公报［EB/OL］.（2024-02-29）［2024-03-08］.https://www.stats.gov.cn/sj/zxfb/202402/t20240228_1947915.html.

于国家所有的档案，由国家授权的档案馆或者有关机关公布；未经档案馆或者有关机关同意，任何单位和个人无权公布。非国有企业、社会服务机构等单位和个人形成的档案，档案所有者有权公布。公布档案应当遵守有关法律、行政法规的规定，不得损害国家安全和利益，不得侵犯他人的合法权益。"[①]档案的复制和公开要确保其合法性和规范性，并且有关部门应在法律规定的条件下建立和健全开放档案的利用管理制度，为档案利用者提供更便捷、更高效的利用服务。同时，良好的制度条件也能够确保档案的安全性和完整性，促进档案资源的合理利用，为学术研究和社会发展提供有力支持。

（4）社会档案意识条件

高度完善的社会档案意识是实现档案开放目标的重要外部条件。一般来说，即使上述的其他条件已经全部具备，但如果没有向社会广大用户传播，那就不能真正称之为开放档案。因此，档案部门需要通过各种有效途径进行宣传，向社会介绍开放档案的相关情况，积极报道新的开放档案信息，激发和引导档案用户利用已开放的档案资源，提高整个社会对开放档案的意识水平，让档案用户充分认识到利用国家开放档案是每个公民都具有的一项民主权利。

2. 信息技术在档案开放审核中的应用

（1）敏感词选择功能

在档案开放审核工作中，档案工作人员发现某些代表特殊含义的关键词语，可以用作决定该份档案是否可以开放的依据。这些词语被称为敏感词，而敏感词辅助法则是一种利用信息技术软件快速准确地选择关键词并将其与档案内容进行比对、甄别的审核方法。实现将敏感词作为审核方法的基础，

---

① 中华人民共和国档案法［EB/OL］.（2020-06-21）［2024-01-02］. https://www.gov.cn/xinwen/2020-06/21/content_5520875.htm.

是建立一个全面、完整、准确的敏感词库。而敏感词库的质量将直接决定敏感词库审核法的准确度。各档案馆在长期的工作实践中积累了丰富的敏感词，基于现有积累数量的支撑，基本上可以保证利用敏感词进行档案比对、甄别的准确率。

要想利用敏感词辅助审核法，必须建立一套科学完善的审核流程，这包括初审、复审、审核和审批等程序。最终目标是实现开放审核的无纸化、审核过程的规范化以及审核结果的精准化。为了实现这一目标，可以运用在线 OCR 识别技术，并结合数字化加工成果解析结果。系统加载敏感词库后，借助 DFA 算法，将档案原文与敏感词逐一比对，过滤和筛选出档案中包含的敏感词。同时，在指定窗口上显示敏感词列表，以供鉴定人员进行下一步处理。为了实现敏感词库的更新和维护，可以批量导入档案开放审核结果，并定期对词库进行更新。根据实际工作需要，还可以增加或删除敏感词，以提供更可靠的支持。在档案开放鉴定程序中，每一次操作都会自动保存相关数据。如果鉴定人员进行了错误的操作，管理员可以查看数据并准确识别出错误，以便进行修正。

尽管敏感词的应用能够辅助提高档案开放审核的效率，但该审核机制仍然存在一定的局限性。敏感词不能完全解读档案全文的内容，即使词库再丰富全面，也不能显示完整的语句、段落和全文的意思表达。因此，必须借助人工进行复核或重点抽查。但是，敏感词的应用为新一代人工智能技术在档案开放审核领域的应用奠定了基础。[1]

（2）利用人工智能技术深度参与档案开放审核

人工智能具有搜索、知识利用、抽象推理等技术，这些技术使得人工智

---

[1] 栾丽萍，胡大启，张立君 . 浅议信息技术在档案开放审核中的应用［J］. 山东档案，2023（5）：57–58.

能能够在档案开放审核工作中发挥作用，用以明确问题和目标，有效地确定操作方法。特别是最新一代人工智能技术的迅猛发展，OCR识别、自然语言处理和语言技术平台（Language Technology Platform，LTP）等与人工智能相关的技术的应用，为构建人工智能档案开放审核系统提供了强有力的技术保障。人工智能技术能够对档案信息进行智能识别和转换，将敏感词标注并动态更新敏感词库，自动对文本进行分类。此外，人工智能还可以通过不断的训练来提高其准确性，有效地缓解了待审核档案数量过多、审核工作人员不足以及人工标准引起的偏差等问题。

（四）数字档案利用与个人信息保护的关系

数字档案作为档案工作数字化转型的体现，是一场数字化信息化技术革命的产物之一，从理念到实践、从价值到目标，是以数字化方式推进档案事业的体系建设的重要组成部分。档案的数字化转型具体体现在两个方面。一方面，它体现为既有档案从纸质载体向数据载体的转变，从而形成了数字档案的"存量"变革；另一方面，它体现为从既有数据资源中生成具有保存价值的档案，从而形成了数字档案的"增量"发展。这些转变与发展不仅意味着数字技术在档案工作中的应用，更意味着档案事业向数字化转型的全面推进。通过数字化手段，档案工作人员可以更高效地管理和使用档案信息，提供更好的服务和支持，促进档案事业的创新发展。数字档案的推行不仅对档案工作本身具有重要意义，也在践行信息化时代的要求下有着深远的影响。因此，数字化转型的持续推进是档案工作的必然选择，也是时代发展的需求。[①]

① 马双双，谢童柱.数字中国建设背景下档案工作数字化转型:内涵、困境与进路［J］.档案学研究，2022（6）：115–121.

数字档案的范围非常广泛，其中包含大量的个人信息。随着档案数字化转型的不断推进，档案资源的规模不断扩大，档案服务质量不断提升，档案利用的价值也不断提高。然而，数字化转型也提高了个人信息的收集和利用的频率。因此，对个人信息的保护面临更严峻的挑战。[①]

数字档案利用与个人信息保护的利益平衡问题一直备受关注。在个人信息制度的建构过程中，如何平衡个人信息保护与利用成为一个重要的关注点。数字档案利用作为一种个人信息处理方式，涉及个人信息主体的利益诉求，需要进一步平衡数字档案利用和个人信息保护之间的关系。而这种平衡实质上是个人利益与公共利益之间的平衡。[②] 个人信息保护的首要目标是维护个人权益。同时，数字档案中的个人信息本身就具有一定的公共利益，体现在个人信息展示、身份认证、连接匹配和声誉评价等各种社会功能上，[③] 这些功能保证了数字档案利用的正常运转。因此，对数字档案中个人信息的保护需要在个人利益和公共利益之间取得平衡，并以此为基础确定如何对个人信息进行保护和限制。[④]

二、档案智慧化服务

（一）档案智慧化服务模式

档案智慧化服务模式是一种以数字化技术为基础的新型服务模式。它充分利用现代信息技术手段，运用数字化处理、网络化传输和智能化管理等方

---

① 华林.档案管理学新论［M］.北京：中国社会科学出版社，2010：7-10.

② 聂云霞，钟福平.法理与情理：个人信息保护与利用的双重性及其调适［J］.档案与建设，2022（7）：15-19.

③ 胡凌.功能视角下个人信息的公共性及其实现［J］.法制与社会发展，2021（5）：176-189.

④ 苗运卫，王玮.数字档案利用中个人信息保护的困境与破局［J］.档案与建设，2023（10）：68-70.

式，使档案管理更高效、更快捷、更精确和更安全。数字化处理可以将档案文档进行扫描、编码和存储，实现档案信息电子化，避免了传统档案管理中易发生的遗漏、错位、丢失等问题。网络化传输可以将档案信息在不同地点、不同部门的不同人员间进行共享和传递，实现信息互通，避免重复建设和浪费。智能化管理可以通过人工智能、大数据分析等手段，对档案信息进行分类、筛选和管理，提高档案利用率和管理效率。

（二）档案智慧化服务模式的优势

1. 提高档案管理效率和水平

智慧化服务模式可以实现档案管理的自动化和信息化，提高档案管理效率和水平。数字技术将档案信息转化为数字形式，是实现档案的数字化服务和利用的基础。将档案数字化处理后，不仅方便我们存储和保管，也能实现档案的即时共享，有效提升用户查询效率和服务响应速度。同时，档案智慧化管理可以提高档案信息的准确性、完整性和时效性，更好地保证档案信息的安全性和隐私性。智慧化服务模式还可以采用先进的数据分析和挖掘技术，对档案信息进行深度挖掘和分析，为决策提供有力的支持和参考。此外，智慧化服务模式还能够大大减少人力资源的投入和管理成本，提高档案管理的效率和水平。借助现代信息技术手段对管理模式创新，实现档案服务的多样化，提供在线查询、预约、借阅、复制、虚拟展示、个性化定制等服务模式，提高服务效率和用户满意度。

2. 便于档案数据共享与协同，降低管理成本

智慧化服务模式可以实现档案数据的实时共享和协同，便于档案管理和使用。档案数字化处理和智能化管理，不仅降低了管理人员的工作强度，也降低了管理成本，提高了管理效率。此外，智慧化服务模式还可以提高档案

数据的安全性和可靠性，有效地避免数据丢失或泄漏等情况，为用户提供更便捷、更高效的档案管理体验，同时也为用户提供更多的选择和控制权。在智慧化服务模式下，用户可以轻松实现档案数据的实时共享和协同，不再需要手动进行大量的纸质档案传递交接工作。多元化的服务渠道，如实体档案馆、数字档案馆、移动应用等，为用户提供多渠道、便捷的档案服务。这些渠道不仅提供基本的档案查询、复制等服务，还可以提供深层次的档案分析、利用等服务，满足用户对档案信息的需求。采用协同服务模式，将多个部门或机构整合在一起，共同提供优质的档案服务。

3. 保证档案数据的安全性和保密性

利用大数据、人工智能等新技术，可以对档案信息进行深入挖掘和分析，从而发现和理解档案信息所蕴含的更多的价值和意义。深度挖掘和分析档案信息，能够为档案馆的发展和利用提供更广阔的机遇和空间。同时，需要加强档案管理的安全保障措施，以确保档案数据的保密性和安全性，避免出现档案泄露和损毁的情况。为了实现高效、便捷和安全的档案管理，需要不断创新和应用智慧化技术，借助数字化技术和新时代信息技术，档案可以进行多重备份和加密保护，同时也包括用户身份认证、数据安全保障以及服务系统安全等，以确保档案服务过程的安全性和可靠性。

（三）新技术环境赋予档案智慧服务新机遇

档案部门在新机遇下提升自身服务水平，可以从以下三方面着手。

1. 加强档案智慧服务顶层设计

档案智慧服务是一种以提供技术性、知识性和先进性档案服务为目的的综合性服务。从宏观的角度来看，档案智慧服务的顶层设计应该考虑以下几个方面的内容。

（1）统筹规划

档案智慧服务的顶层设计需要基于全面的视角，对档案工作进行整体规划和统筹安排。这一过程包括制定涵盖战略和系统性政策指导，以确保档案服务具备可执行性、理念持续发展、始终安全、不断拓展。例如，就电子文件管理而言，需要制定包括从文件生成到归档再到服务利用的全面规划，保障电子文件得以长期保存并得到有效利用。

（2）制度建设

在进行档案智慧服务的顶层设计时，需要考虑制度建设。这包括制定电子文件单套归档和管理的标准规范，以便日后提供利用。此外，需要针对新技术的具体应用制定相关技术政策，建立统一兼容的归档格式标准、元数据标准、著录标准等行业规范。这些规范和标准的制定将有助于提高档案服务的效率。

（3）问题反馈与政策补充

在实施档案智慧服务的过程中，可能会遇到一些问题。因此，需要时刻关注服务中出现的问题，并及时提供政策补充。这需要档案行政部门与其他机构进行密切合作，加强经验交流，以便更好地解决未来出现的问题。

（4）机构间的经验交流与合作

机构间的经验交流与合作对提高档案智慧服务的质量至关重要。档案管理相关机构通过定期开展档案工作联席会议，可以促进各机构之间的信息共享和经验交流，共同制定年度、季度和月度工作重点，以及未来档案技术应用和服务提升规划。这将有助于提高整个行业的水平。

（5）技术转型与升级

随着科技的发展，档案行政部门需要主动适应由技术条件引起的服务业态转变。制度体系、服务体系、流程体系和管理体系的架构都要进行适当转型。例如，在服务工作中应用大数据、物联网等技术，可以实现对海量数据的分析和挖掘，更好地服务于用户的需求。我们应当在全国档案机构范围内推广档案智慧服务应用，提高整个行业的智能化水平和服务质量。

（6）个性化与定制化服务

在提供档案智慧服务时，应考虑不同用户的需求和特点。我们通过了解用户的需求和偏好，可以为其提供个性化的服务和定制化的解决方案。例如，对科研人员和教师，可以提供与其研究领域相关的专题报告和教学资料；对企业用户，可以根据其业务需求提供定制的档案管理解决方案；对个人用户，可以根据其兴趣爱好推荐相关的档案资料和历史文化信息。

（7）服务质量的持续改进

档案智慧服务的顶层设计还需要关注服务质量的持续改进，通过收集用户的反馈和建议，对服务流程进行不断优化和改进。例如，可以引入现代化的服务质量管理体系和方法，如六西格玛管理、精益管理等，以提高服务质量和效率。此外，还可以通过定期开展用户满意度调查和评价活动，了解用户对服务的满意度和需求变化趋势，为服务的持续改进提供参考和依据。

总之，档案智慧服务的顶层设计需要从多个方面进行全面考虑和规划。通过统筹规划、制度建设、问题反馈与政策补充、机构间的经验交流与合作、技术转型与升级、个性化与定制化服务以及服务质量的持续改进等方面的努力，进一步提高档案智慧服务的水平，满足用户多样化的需求。

2. 总结公共服务机构新技术应用经验

由于地区经济水平和发展水平的差异，一部分档案机构已经采取了多种技术手段提供档案智慧服务，然而更多的档案机构由于技术、资金、人力等因素的制约，在现行条件下不具备智慧服务的条件。为了提高服务效能，可以在有条件的地区优先投入智慧档案馆建设和开展档案智慧服务试点工作，在实践中摸索，在试错中总结，探索出一套较为完备的新技术应用战略、路径和适用方法。同时，还可以借鉴其他公共服务机构的应用经验，找出其与档案机构的共通点，吸收并转化为适合档案机构智慧服务的应用模式。例如，由陕西省文物局陕西文物数据中心研发的"数字博物馆智慧机器人平台"，就是基于"互联网＋人工智能＋云计算平台＋大数据"等多种技术手段研发的"AI机器人"。它可以为到馆参观的游客提供全程智慧服务，包括提供咨询、讲解、社交及娱乐等多项服务，并能够提供数字互动和定制化参观导引，最大限度地满足游客的需要。这个智慧服务机器人平台获得了第五届全国文博技术产品及服务推介活动的"十佳"奖项，并已在陕西历史博物馆中投入使用。此外，2020年9月23日，安阳市智慧城市政务服务平台也通过综合运用新技术提供电子证照等数据共享应用，并提出"全省通办、一证通办、就近办、随身办"四种办事模式。这些机构的新技术应用成果，为开展档案智慧服务提供了宝贵的经验。①

3. 深化档案教育改革和从业人员技术培训

档案智慧服务涉及多领域的结合和多技术的应用，这给档案工作者带来了很大的挑战。为了满足公众对智慧服务的需求，档案工作者需要积极应对技术变革，并大力培养技术型和综合型人才。在档案人才的培养方面，可以从档案教育改革和从业人员技术培训两方面入手。

一方面，当前的高校档案学专业学科设置和能力培养需要改革，形成新的教学体系，增加信息技术课程的比重。建议开设大数据、云计算等技术类专业选修课，鼓励和企业合作，联合培养复合型专业技术人才，增强学生跨领域的知识储备和技能训练。鼓励专业高校跳出校园人才教育模式，站在社会角度以制定跨专业、跨院校、跨部门甚至是跨国界的联合培养战略，打造

---

① 赵栩莹．新技术环境下的档案智慧服务：思维、业态与机遇［J］．北京档案，2021（11）：13-17.

适应社会发展的创新型实践人才，培养一专多才、贯通跨界能力的复合型人才。

另一方面，针对新上岗的我国专职档案人员存在的职业信心不足、工作能力欠缺等问题，除了鼓励专职档案人员进入高校继续深造外，档案机构也要定期邀请档案专家或信息技术专家前来交流授课，并将员工职业培训与技术扩展学习纳入档案工作者的绩效考核与岗位晋升参考范围，激励员工不断进行自我学习和能力提升。需要注意的是，员工要在技术应用时提前做好准备，以坦然的状态迎接档案服务方式的变革。新技术的学习是一个长期的过程，因为技术在不断升级，提供智慧服务的档案工作者的能力也要配合加强，包括系统的管理运作能力、技术的运维实现能力、资源的业务服务能力和档案的管理控制能力等。

（四）人工智能在档案智慧化的服务体系建设

随着新技术的广泛应用，档案服务正逐渐进入转型发展期。数字化、网络化和智慧化的公共服务新模式以及档案治理新理念的出现，极大地方便了人们的生活。与此同时，人们对优质服务的需求也在不断提升。因此，将人工智能技术应用于档案服务已成为势不可当的趋势。另外，传统的档案服务模式存在一定的滞后性。随着电子档案的大规模铺开，管理档案信息资源的难度也越来越大。大量结构化的数据资源成为管理的主要对象。相对应地，对提供电子档案服务能力和效率的要求也在不断提高。因此，需要借助知识管理工具来进行科学管理。在面对这些挑战和需求的同时，档案服务的转型发展也变得尤为重要。[1]

---

[1]　倪榕．"人工智能＋档案"视角下档案智慧化标准化服务体系建设探究［J］．大众标准化，2023（21）：8-10.

目前，我国正处在数字化社会建设的转型时期。档案工作的环境、对象、内容和方法都发生了根本性的变化，而档案管理与人工智能的结合也将有助于更好地发挥人工智能的优势。首先，从管理方面来看，人工智能与物联网技术相结合，通过射频信号实现自动识别管理对象并获得数据。借助人工智能技术的机器学习和深度学习，可以从海量数据中提取有用的价值。智能库房建设是人工智能技术应用较为广泛的领域，它可以实现对档案位置、类别和库房"九防"的跟踪和感知。其次，从服务方面来说，人工智能能够实现从低层次数据记录到高层次知识聚合的转变，图像查询也由目录级向内容转变。这体现了人工智能在知识挖掘和开发利用中的独特优势，为档案资政服务和公共服务打开了更广阔的空间。最后，从资源方面来说，人们对电子档案管理的质量和效率有了更高的要求。人工智能通过搭建数据化管理系统，依托计算机视觉、自然语言处理、机器学习等技术，实现了档案的自动化识别、分类、存储和检索，从而提高了档案管理的效率和准确性。

第四章　档案智慧化开发利用的实践探索

随着信息技术的不断演进和广泛应用，档案智慧化已成为当前档案领域发展的重要趋势。档案智慧化指利用智能化信息处理系统，将档案信息进行数字化和信息化处理，从而为用户提供更全面、更便捷、更快速和更安全的服务。在政府、学校、医院、企业等场景中，档案智慧化得到了广泛的关注和应用。这些机构纷纷开始积极研究如何借助新的信息技术手段，提升档案的开发和利用效率，推动档案智慧化的全面发展。档案智慧化的实现需要借助先进的信息技术手段，如大数据、云计算、物联网等。通过这些技术手段，可以对海量的档案信息进行高效、准确的处理和分析。档案智慧化的应用范围非常广泛，可以应用于各个领域。例如，在政府领域中，可以利用档案智慧化系统实现政务信息公开、政策制定和决策支持等；在学校领域中，可以利用档案智慧化系统实现学生管理、教学管理和科研管理等；在医疗领域中，可以利用档案智慧化系统实现病历管理、医疗服务和健康管理等。同时，档案智慧化的发展也促进了信息技术的不断创新，为各个领域的信息化进程提供了有力的支持。档案智慧化开发利用的实践探索具体内容如下。

第一节　政府机构中档案智慧化的开发利用

2023 年 8 月，国务院办公厅印发了《政务服务电子文件归档和电子档案管理办法》，就进一步规范政务服务电子文件归档和电子档案管理，推动各行业各领域政务服务电子文件从形成办理到归档管理全流程电子化，从机制和流程上提出明确要求，便利企业和群众办事。① 随着信息技术的快速发展，政府机构档案智慧化已经成为一个新的趋势。政府机构档案作为记录国家历史、政治、社会和文化等方面重要信息的物质基础，是公民知情权、参政权和监督权的重要保障，得到了越来越多的关注和重视。政府机构档案智慧化的开发利用方案有以下关键点。首先，需要建立高效的档案数字化系统，将原纸质档案转成电子档案并建立索引和元数据，实现档案信息的精准管理、检索和利用。其次，针对政府机构档案的特点，如历史性、连续性和完整性，需要设计开发符合政府机构档案管理需求的智能化应用软件，以提高档案利用效率，满足政府职能和社会需求。这些应用软件可以包括档案数据挖掘工具、档案自动分类系统、档案知识图谱和档案虚拟现实等。政府机构档案智慧化的开发利用还需要关注实际运用环境和应用场景。例如，政府机构档案数字化系统需要考虑信息安全、数据保护等问题，保证档案信息不被泄露或滥用；相关智能化应用软件需要贴近政府机构的工作流程和需求，为政府决策提供有力支撑。同时，政府机构档案智慧化的开发利用需要进行

① 国务院办公厅.国务院办公厅关于印发《政务服务电子文件归档和电子档案管理办法》的通知 [EB/OL].（2023-08-22）[2023-12-01].https://www.gov.cn/zhengce/content/202308/content_6899493. htm.

监管和评估，确保其符合相关法律法规和标准要求，并达到预期效果。

一、数字政府的概念

数字政府指以新一代信息技术为支撑，重塑政务信息化管理架构、业务架构、技术架构，通过构建大数据驱动的政务新机制、新平台、新渠道。数字政府进一步优化调整政府内部的组织架构、运作程序和管理服务，全面提升政府在经济调节、市场监管、社会治理、公共服务、生态环境等领域的履职能力，形成"用数据对话、用数据决策、用数据服务、用数据创新"的现代化治理模式。数字政府的出现对提高政府的办公效率有显著的积极作用。传统的工作方式正在被高效、快捷的数字化办公方式所取代。不同种类的文件、档案和社会经济数据都以数字的形式储存在网络服务器中，通过计算机检索机制可以实现快速查询和即用即调。社会经济统计数据作为宝贵的资源，以往需要耗费大量的人力和财力进行收集，若以纸质形式存储，其利用率极低。然而，如果将这些数据存储于计算机的数据库文件中，不仅方便调用，还可以发掘出许多以前未知的有用知识和信息，从而为政府的决策提供更全面的支持。

二、数字政府建设下的档案数据治理

在数字政府建设的背景下，档案数据治理主要关注的是如何通过治理过程和成果来推动数字政府建设的发展。在这一背景下，档案数据治理的内在逻辑主要围绕着供需关系，其外在表现则体现在政策的制定与反馈供给方面。通过对档案数据治理的深入探讨，我们可以更好地理解档案数据在数字政府建设中的重要作用，进一步探索如何利用档案数据来推动数字政府建设的发展。

数字政府建设的相关政策是政府治理思想方法的外部表达形式，呈现出数字政府建设对档案治理的相对宏观和静态的需求。从纵向的角度来看，数字政府治理越来越依赖于规范化和体系化的数据。同时，在政策的演进过程中，能够发现档案数据正在不断地参与数字政府治理。以"政务公开"为切入点，可以观察到档案数据治理正在不断地细化和拓展，从特定的档案领域逐步向精确的治理环节延伸。[①] 以下是具体的政策内容。

（1）1992—2002 年，政策的时断时续导致大多数重要文件缺乏具体的档案数据支持。然而，随着数字政府建设的深入推进，政策变得越来越精确和有针对性，并且档案数据开始为"政务信息开放"和"民生"提供服务。

（2）2002—2014 年，政策的发布相对较少，但民众对于流动档案数据的合法性引起了关注，并在国家电子政务工程项目中发挥了记录和监督的作用。同时，档案数据也被视为具有重要价值的民生信息和文化资源。因此，数字化和开放化成为处理纸质档案资源的主要方法。

（3）2015—2019 年，政策发布量大幅增加。数字政府建设也进入了新的阶段，即"数据管理"的"集约整合、全面互联、协同共治、共享开放、安全可信"的阶段。此外，随着政府简政改革和数据技术的深入应用，档案数据的治理范围也得到拓展，延伸至社会、医疗等领域，积极为数字政府治理提供服务。档案数据及其管理系统的参与和证据合法性逐步被认可，数字政府对数据的规范化和体系化要求也逐渐提高。[②]

---

① 朱琳，刘雨欣，顾文清.基于共词分析的中国电子政务政策变迁研究［J］.电子政务，2020（11）：59–73.

② 傅荣校.我国政务数据共享的政策目标变迁与共享实践推进［J］.档案学通讯，2022（5）：28–36.

（4）2020 年至今，中央深入推进档案数据开放。2021 年全国政务公开领导小组名单中首次出现国家档案局领导。[①]数字政府倡导加强数据汇聚融合、共享开放和开发利用，所以政策安排对档案数据也相应地进行了调整。总体来看，提升数字政府治理效能的关键之一就是有效管理和开放档案数据。基于数字政府建设要求，应关注政府系统内部档案数据体系的建设和充分挖掘利用，这是在数字政府背景下推进档案数据治理的主要逻辑。[②]

在数字政府建设的过程中，档案治理一直专注于政府民生服务等各个场景。开放公共数据和建立电子档案是数字政府建设的两项重要任务，是其发展的重点。从 20 世纪 90 年代开始，档案部门一直积极参与数字政府的建设实践，如"三金工程""政府上网""互联网＋政务"，并进行了综合有效的探索。在内部层面，档案一直作为控制工具来组织治理。然而，随着数据时代的到来，对档案控制的要求愈发高涨，需要提高控制精度和扩大管理范围。在外部层面，档案数据治理强调采用协同路径来治理数据，这意味着不仅仅需要档案部门在档案事业中做好自己的本职工作，更需要与其他部门和机构共同努力来实现数据治理的目标。档案部门应当以公众需求为中心，通过数字政府体系或数字档案馆系统，传输原始档案数据或档案数据产品，以服务数字政府不断开放的信息共享格局。[③]以下是具体措施。

（1）积极主动地融入治理格局对政府档案数据智慧治理至关重要。在融入过程中，档案部门的角色不仅是数据的提供者，还负责制定数据治理政策、

① 国务院办公厅. 国务院办公厅关于调整全国政务公开领导小组组成人员的通知［EB/OL］.（2021-04-01）［2023-12-06］. https://www.gov.cn/zhengce/zhengceku/2021-04/01/content_5597300.htm.

② 汪建军. 数字政府建设背景下档案数据治理的内在逻辑与实践进路［J］.档案与建设，2023（9）：49–52.

③ 汪建军. 数字政府建设背景下档案数据治理的内在逻辑与实践进路［J］.档案与建设，2023（09）：49–52.

监督档案机构、利用档案数据和管理政务平台等。为了发挥共同作用，档案机构应主动担当起档案大数据的建设者角色，并积极融入国家大数据治理框架。

在政策指导方面，档案部门应在其行业规章中制定相应的规定要求，以回应政府治理需求。这些规定包括推进档案数字化工作、建设档案管理基础设施以及提升档案机构人才能力等。在实际工作中，档案部门还应制定阶段性目标，努力建设智慧档案馆和档案数据中心，并注重与外部政务部门进行数据共享。在协同合作方面，档案机构需要与治理场景融为一体并相互协作。数字政府建设的目标始终是治理档案数据。目前，档案馆的开放数据主要是历史数据和民生档案数据，但仍然有许多具有长期保存价值的社会档案数据分布在其他机构中，尚未纳入档案机构的管理范畴。因此，档案机构应主动与业务部门对接，及时将具有档案价值的数据归档，并积极融入政府的多个治理场景，避免其他档案存储机构成为孤立的数据存储岛屿。

（2）政府档案数据智慧治理的关键在于确保档案数据的汇集统一、开放共享和开发利用。就档案数据的汇集统一而言，一方面要高度重视数据汇集的质量，确保所形成的数据符合统一的方案标准，尤其是数据的格式规范性和要素完整性应得到充分保证，以确保档案数据能够得到最大程度的挖掘和利用；另一方面，需要积极融入政务网络，利用政务平台、数据中心等平台，实现各资源之间的互联互通，以便更有效地进行数据共享和交流。就档案数据的开放共享而言，一方面需要进一步扩大数据的开放力度，不断拓展数据归集的门类，以提高各类档案及开放档案目录数据的归集率和质量；另一方面，也需打破数据共享的壁垒，档案部门应与政府其他部门达成数据共享协议，明确各业务部门的利用需求，消除档案部门与其他部门数据共享交换的壁垒，以实现政务一网通办、一网统管的目标。就档案数据的开发利用而言，一方面档案机构应积极配合政府规划，主动建设档案数据资源库，以打造文化专题、民生档案、重大活动等数据库，更好地向公众提供利用服务；另一方面，档案工作人员及时跟踪并解决档案数据问题反馈，提高服务质量，以确保公众能够充分利用档案数据资源。

（3）技术是政府档案数据管理的前提和手段，为政府治理的实施提供支持。智慧治理的关键在于加强信息技术的应用，更好地利用云计算、大数据、人工智能等先进技术，以提升治理能力并确保治理过程的顺畅。对于档案数据而言，从数据收集到全行业利用是一个赋能的过程，在这个过程中，数字技术的应用是不可或缺的内在保证。在档案数据的汇集过程中，由于数据来自不同的源头，存在多种异构性，档案部门需要利用关联数据技术，建立数字档案的多维语义关联框架，以实现分散、异构、跨界档案数据资源之间的语义关联，从而便于数据间的内容分析。在档案数据的管理方面，可以开发虚拟的"数据大脑"，实现档案数据的实时归档、自动存取、精准查询和可视化等。同时，可以运用智能合约、区块链、数据挖掘等技术，追踪并深度分析用户信息与过往行为数据，结合用户画像等主动预判用户需求，实现个性化服务推荐等功能。[①]

三、政府档案数据开放途径及现状分析

随着数字化时代的到来，政府档案数据的应用范围越来越广。政府档案数据含有丰富的历史信息和文化价值，对学术研究、政策制定和社会监督具有重要意义。然而，政府档案开放数据的大众获取渠道也存在一些问题，如

---

① 姚淑娟.档案数据赋能政府智慧治理探析——以长三角地区为例［J］.档案与建设，2023（6）：40-43.

需要排除或限制访问一些敏感信息，既要保证可以公开的档案易于获得，又要保证敏感信息不被泄露传播。本部分旨在研究政府档案数据的开放途径，并对政府档案数据的现状进行分析。

（一）政府档案数据的开放途径

政府档案数据作为公共财产，是社会发展的重要资源之一，对公众知情权、参与权和监督权的实现具有重要意义。因此，政府应该积极推进档案数据的开放，为公众提供更便捷、更高效的数据服务。政府档案数据的开放途径主要有三种：政府官网公布、全民共享平台、在线查询系统。

1. 政府官网公布

政府档案通过政府官网公布是一种最常见的开放途径。政府官网作为政府发布信息的渠道之一，具有社会公信力强、内容公开透明的优点。但是，政府官网公布这一渠道仍然存在一定的局限性：一是政府官网数据不易查找。由于政府官网信息一般以网页公文的形式公开，或置于公文下方的附件中，因此用户难以通过搜索栏直接获取所需的相关信息。尤其是在附件中的信息是无法被网页检索到，且未经分类的页面也进一步增大了快速查询定点信息的难度。二是政府官网公布的政府档案数据数量有限。政府官网无法承载大量的政府档案数据，难以满足全民的查询需求。

2. 全民共享平台

随着信息技术的发展，政府部门逐渐意识到政府档案数据的重要性和价值，将其发布在全民共享平台上成为一种新的途径。全民共享平台汇聚了海量的政府档案数据资源，使全民都能够轻松地查询和利用这些数据，具有极高的可信度和公开性。这一举措不仅有助于提升政府部门的信息透明度和公信力，还可以促进政府与社会各界的互动交流。然而，事实上，全民共享平台也存在一些问题。其中一个主要的问题就是政府档案数据的开放程度难以把控，需要政府部门制定详细的数据标准和数据治理体系。只有这样，才能保证政府档案数据的真实性、准确性和完整性，使数据对社会和经济发展的支持作用更得到充分体现。另外，全民共享平台的运营成本也是一个值得考虑的问题。由于平台汇聚了海量的政府档案数据资源，运营成本自然很高。这时候，政府部门就需要分担一部分运营费用，以确保平台能够长期稳定地运营下去。

政府部门把政府档案数据在专门的全民共享平台上发布确实是一种颇具价值和意义的途径。对于这一举措，我们既要看到其巨大的促进作用，又要认真考虑和解决存在的问题，确保政府档案数据能够更好地为社会服务。

3. 在线查询系统

政府档案数据的在线查询系统是一种便捷的开放途径。在线查询系统不仅可以提升政府档案的利用便捷性，更有助于政府部门高效地管理档案资料，并将其用于决策和服务中。

政府档案数据的在线查询系统可以通过多种方式实现，如建立政府部门网站直通门户、开发档案查询 App、搭建在线查询平台等。其中，建立政府部门网站直通门户是最基础且常见的一种方式。根据政府部门网站的开放性，借助直通手段，用户可以随时随地快速查询政府档案数据，不受时间和地点的限制，方便快捷。此外，开发档案查询 App 也是一种备受欢迎的方式。用户只需下载安装 App，并进行简单的注册和登录操作，就可以轻松地查询政府档案数据。另外，搭建在线查询平台也是一种效率很高的方式。政府部门可以利用互联网的快速、便捷、安全、低成本的优势，将包括政府档案在内的各种数据及时发布到平台上，让用户能够得到及时的查询服务。除了基本的查询功能外，政府档案数据的在线查询系统还应该具备一些特殊功能，以满足用户不同的需求。例如，历史档案查询功能可以让用户快速找到需要的历史档案资料；文献检索功能可以帮助用户查找相关的学术论文和文件等；在线阅读功能可以让用户直接在网站或 App 上查看电子档案资料，免去了下载的麻烦；数据分析功能可以将政府档案数据进行统计、分析和比较，帮助用户更好地理解和利用档案数据。

在建设政府档案数据的在线查询系统时，应该注意一些问题。首先，保障用户隐私。政府部门必须遵循相关法规和制度，对用户的个人隐私信息进行保护。其次，保证系统的稳定性和安全性。政府档案数据作为重要的政府信息资料，必须采取各种技术措施，加强系统的防护和维护，防止被黑客或恶意攻击人员攻击和破坏。最后，注意系统的易用性和可操作性。政府档案数据的在线查询系统要符合用户的使用习惯，尽量简化操作流程，提高查询效率，以提高用户的满意度和使用体验。

（二）政府档案数据的现状分析

政府档案数据管理在信息化时代发展迅猛，获取、管理和利用信息资源成为档案工作的关键任务。随着数字化技术的广泛应用，数字档案的优越性在于其便于高效存储、精确检索和全面利用。然而，在现实生活中，数字化档案在信息管理方面不可避免地牵涉隐私保护的问题。为了实现未来档案工作的可持续发展，必须在保护隐私的前提下，有效平衡和优化对档案资源的利用，以更好地平衡个人隐私权益与社会公共利益。以下是一些具体的解决方法。

1. 法治保障

政府通过制定具体的法律法规和政策，规范和约束数字档案的管理行为，明确各方在数字档案保护方面的责任和义务，建立专门的机构来监管和维护数字档案的安全和隐私，进一步增强法治保障措施的有效性和可操作性。这些措施既符合现代社会数字化发展的趋势，又能保证数字档案管理的规范化和合法化，为公民和组织在使用和管理数字档案过程中提供更可靠的保障。通过这种方式，数字档案管理的法治保障体系得到了进一步完善和加强，对维护公民的权益和社会的稳定发挥着重要的作用。

2. 资源建设

政府在资源建设方面可以加大投资力度，充分利用资源来建设更完善、更先进的数字档案管理系统，从而提高数字档案的安全性和可控性。通过这样的举措，政府可以有效防止数据泄露和遏制数据滥用。此外，建设数字档案管理系统还可以为政府提供更高效、更准确的数据支持，为决策和政策制定提供更可靠的依据。因此，资源建设是推动数字档案管理工作的重要一环，为实现数字化、智能化管理提供了坚实的基础。

3. 技术支持

政府在技术支持方面可以采取一系列措施，进一步推动数字档案管理技术的研发和应用。政府可以加强对数字档案管理技术的投入，提供更多的资金和资源来支持相关的研究和开发工作。政府可以建立更先进的研发机构和实验室，为科研人员提供更好的工作环境和条件，激发他们的创新能力和热情。此外，政府还可以鼓励企业参与数字档案管理技术的研发，并给予相应的政策支持和奖励措施。除了研发方面，政府可以加强对数字档案管理技术的应用推广。政府可以通过组织培训和推广活动，提高公众对数字化管理平台的认知和使用能力。政府可以加大监管力度，确保数字档案的安全性和可靠性。此外，政府还可以加强对数字档案管理技术的监测和评估，及时发现并解决存在的问题，推动技术的不断完善和进步。

4. 信息安全

政府机构档案信息的保密性非常重要，因此，在档案智慧化实践中应加强信息安全保障，防止信息泄露和被黑客攻击。这些措施包括加强安全防护措施、提高信息加密技术水平、完善权限管理制度、加强网络监控和安全审计等，确保档案信息的机密性、完整性和可用性得到有效维护和保障。首先，为了保障政府机构档案信息的安全，有必要加强安全防护措施。这包括建立高效可靠的防火墙系统、安装实时监测和入侵检测系统，以及加强对网络设备和服务器的物理安全保护等措施，确保未经授权的人员无法轻易获取敏感档案信息。其次，在档案智慧化的过程中，信息加密技术的应用是不可或缺的。采用对称加密算法、非对称加密算法等现代加密技术手段，对档案信息进行加密处理，可以有效防止敏感信息在传输和存储过程中遭受非法拦截和篡改，保障信息的完整性和保密性。再次，政府机构应建立健全的权限管理体系，明确划分不同用户的权限范围，对敏感档案信息的访问和操作进行严格控制和审计，减少信息泄露的风险。最后，政府机构应建立有效的网络监控体系，及时发现和回应潜在的安全威胁和攻击行为。定期进行安全审计，对档案信息的访问和操作行为进行全面的监管和审查，发现安全弱点并及时修补漏洞，以保障档案信息的安全性和稳定性。

在数字化档案管理的过程中，必须始终坚守保护隐私的基本原则，以达到优化资源利用、实现个人隐私权益和社会公共利益之间的平衡。在此背景下，政府的作用显得至关重要。为了确保数字档案管理的顺畅进行，有必要强化对档案管理相关机构的监管和维护，进一步推广数字档案管理安全技术，为数字化档案管理提供持续不断的改进基础。

四、政务服务中心档案服务云平台的构建

（一）政务服务中心档案服务云平台建设面临的困境

1.服务功能需要进一步优化

对于政务服务中心云平台的建设，前期调研尤为重要。这不仅是一份调研，更是与用户之间的交流和互动，这样才能确保档案服务云平台能够更好地满足政府和公众的需求，确保云平台的功能和服务能够匹配大家的期望。在新的时代背景下，政务服务中心的档案云平台不仅要为民政、医疗等单位提供数据支持，还要为人民群众提供档案服务。需要根据不同的需求制定相应的服务策略，以满足政务服务中心档案平台的基本需求。如果档案管理人员与其他单位的人员缺乏互动，可能会导致服务云平台的功能与服务群体的需求出现偏差。此外，由于资金和技术支持的不足，一些政务服务中心的档案服务云平台建设可能会受到影响。只有解决这些问题，才能推动政务服务中心档案服务云平台的构建进程。

2.缺乏数据管理

在数字化时代的发展趋势下，政务类电子档案的归档在数据管理协同性方面的展现还有所欠缺，这成为影响政务服务中心云平台构建效率的重要因素。目前，政务服务中心主要负责事业单位的审批事项划转，并由政务服务中心的工作者来实施。然而，在数据信息传递的过程中，协同性保障被淡化，政务服务中心与对应单位之间存在数据交流频率不足等问题。此外，现有的档案尚未进行电子化建设，影响了档案归档的速度。另外，每个单位的档案服务业务的数量和内容各不相同，政务服务中心构建云平台需要得到各单位的支持。然而，个别单位尚未开展档案的归档管理，导致档案管理工作的业务水平不高，从而阻碍了云服务平台的时效性建设。因此，为了提高政务服

务中心云平台的构建效率，需要加强数据管理的协同性，推进档案的电子化建设，提高各单位档案管理的业务水平。

3. 信息安全风险

要建立政务服务中心档案服务云平台，每个地区都需要投入大量的人力和物力资源。但是，在实际建设的过程中，存在信息安全的风险。第一，物理环境风险是一个不容忽视的问题。在建设云平台的阶段，由于没有充分考虑软硬件环境，应用的硬件设备设施可能不够先进，容易导致线路中断，设备设施出现故障。第二，网络安全风险也是一个重要的问题。政务服务中心建设云平台需要使用网络技术进行信息传递，但在服务过程中可能会出现病毒或黑客攻击等情况。如果相关人员不能及时处理这些问题，就会增加档案信息被泄露的风险，也会增加档案信息内容丢失的可能性。因此，在云平台的建设中，必须处理好所面临的安全风险，保证云平台构建环境的安全性。只有这样，才能确保政务服务中心档案服务云平台的安全稳定运行，更好地为社会公众服务。[①]

（二）数字化背景下政务服务中心档案服务云平台

传统政务服务中心档案服务主要以纸质档案为主，依赖前台提供档案借阅、查询、复印等服务。在档案归档过程中，需要投入大量的人力、物力和财力，任务繁重且耗时较长。随着大数据、云计算和人工智能等技术与政务服务中心档案管理的深度结合和应用，可以对各种类型的档案进行收集和归档，并遵循相关规范和标准对档案进行筛选。这不仅可以进一步提高政务服务中心档案处理效率，还可以减少人为干预产生的偶发性不良影响。此外，政务服务中心档案服务云平台的建设，实现了政府中心各类档案信息的实时

---

① 张平平. 基于数字化下政务服务中心档案服务云平台的构建［J］. 兰台内外，2023（26）：34—36.

收集，有效解决了传统档案信息收集断断续续和不系统的问题。

　　一方面，在当今信息技术的支持下，政务服务中心档案管理以电子档案为主，政务服务中心档案的存储介质从根本上改变了，因此其保管存储效率得到了提高。相对于传统的纸质档案，电子介质档案能够存储多种形式的档案信息，包括音频、视频等，从而全面保障了政务服务中心档案存储的完整性，并且还有大型数据库和档案管理系统等专业系统能够集中管理海量的档案信息。基于信息技术的政务服务中心档案管理模式对硬件设备和环境要求更低，有效地降低了政务服务中心档案的存储和保管成本，为后续合理利用和开发政务服务中心档案信息资源创造了有利的条件。

　　另一方面，只有充分开发和利用档案信息，才能为不同主体提供多样化的档案服务。传统的政务服务中心主要提供查询服务，但单一的档案服务很难满足当前不同主体对政务服务中心档案服务的多元化需求。因此，在推进政务服务中心档案服务云平台建设的过程中，应将满足不同受众群体的档案服务需求作为云平台建设的核心理念。档案云服务平台不仅可以为不同主体提供档案信息查询、下载和共享等多样化的服务，还能更好地发挥政务服务中心档案信息资源的独特价值。目前，许多地方正在积极推进政务服务中心档案云服务平台的建设，并已取得了阶段性的成果。随着政务服务中心档案服务平台功能的逐步完善，将能够为不同群体提供多元化的档案信息服务。例如，在卫生、旅游、社保、民政、政务、商务、政法等领域，通过云服务平台建设，可以将相关功能集成到云平台上，实现对区域性政务服务档案信息的有机整合，进一步凸显政务服务中心的服务职能。借助政务服务中心档案云服务平台，能够提高区域性档案服务的质量。[①]

---

① 戚德平．数字化背景下政务服务中心档案服务云平台构建研究［J］．兰台内外，2023（3）：31–33.

五、机关数字档案室的安全保障体系建设

数字档案室是机关电子政务的核心信息资源中心，其建设、运行和维护是一项长期的系统工程。数字档案室的保障体系建设应得到经费、制度和人才等方面的保障。[①]

（一）经费方面

各立档单位在数字档案室建设中的投入至关重要，特别是经费方面的投入。为确保数字档案室能够高效、稳定地运行，并为机关电子政务提供可靠的信息资源支持，各立档单位必须充分认识到经费保障的重要性。具体而言，各立档单位应将数字档案室建设所需的各项费用纳入本单位的财务预算中，并确保这些费用得到长期、稳定的支持。其中应当包括电子文件的归档管理费用、纸质档案数字化的成本、数字档案资源的备份管理费用，以及数字档案室应用系统的运维和升级费用等。将这些费用纳入预算后，各立档单位可以确保数字档案室在建设和运行过程中得到充足的资金支持，从而推动其顺利发展。

为了保障经费的有效利用，各立档单位还应建立健全经费使用管理制度，明确经费的使用范围、审批程序和监管措施。规范经费管理，可以确保每一分钱都用在刀刃上，提高经费使用效益。此外，各立档单位还应加强与财政部门的沟通协调，争取更多的政策和资金支持。争取财政部门的支持和配合，可以为数字档案室建设提供更多的经费保障，推动其更好地服务于机关电子政务的发展。

---

① 张虹.档案管理基础［M］.北京：中国人民大学出版社，2019：43.

（二）制度方面

为确保数字档案室的正常运行和高效服务，各立档单位应制定一系列保障制度，并确保这些制度得到切实的贯彻实施。这些制度不仅涵盖了电子文件归档、人才配备与经费保障、数字档案资源备份管理等，还涉及数字档案室应用系统的运维和安全管理，以及机关档案管理部门、电子文件形成部门和信息化部门之间的职责分工和奖惩机制。

第一，各立档单位应制定各门类电子文件归档管理制度，明确电子文件归档的范围、标准、流程和责任。制定这些制度能确保电子文件的完整性和安全性，为数字档案室的后续利用提供坚实基础。

第二，人才配备与经费保障制度是至关重要的。各立档单位应明确数字档案室所需的人才结构和数量，建立健全人才引进、培养和激励机制。同时，也要确保数字档案室建设和运行所需的经费得到稳定保障，为数字档案室的持续发展提供有力支撑。

第三，数字档案资源备份管理制度是不可或缺的一环。各立档单位应制定详细的备份策略和管理规定，确保数字档案资源的安全可靠。同时，要定期对备份数据进行检查和恢复测试，以确保备份数据的有效性。

第四，在数字档案室应用系统的运维和安全管理方面，各立档单位应建立完善的运维和安全管理制度。这包括系统的日常维护、故障处理、安全漏洞修复等方面的工作流程和规范。同时，要加强安全防护措施，确保数字档案室应用系统的稳定性和安全性。

第五，机关档案管理部门、电子文件形成部门和信息化部门之间的职责分工及奖惩制度是至关重要的。各立档单位应明确各部门的职责边界和协作机制，建立有效的沟通渠道和协作平台。同时，要建立健全奖惩机制，激励各部门积极参与数字档案室的建设和管理工作，共同推动数字档案室的健康发展。

（三）人才方面

为确保数字档案室的规范、高效运行，各立档单位在人员配备上应给予充分的重视。根据实际的工作需要，各立档单位应为数字档案室配备足够的专职管理人员。当条件成熟时，建议至少配备 2 名以上的专职管理人员，以便形成合理的工作分工和协作机制。在人员选拔上，各立档单位应注重候选人的专业背景和实践经验。理想的候选人应至少具备档案或信息技术相关专业的本科学历，这样既能确保他们具备扎实的理论基础，又能熟悉档案管理和信息技术的前沿动态。此外，最好吸收一些具备良好的管理才能和计算机应用技能的人才加入管理团队，以便能够胜任数字档案室的各项任务。

为了进一步提升专职管理人员的素质和能力，各立档单位应制定完善的培训和发展计划。这包括定期组织内部培训、外部培训以及参与行业交流活动等，使管理人员能够不断更新知识、拓宽视野。同时，各立档单位还应在制度上为专职档案管理人员提供明确的晋升通道和激励机制，确保他们的工作成果得到应有的认可和回报。除了人员配备和培训发展外，各立档单位还应关注专职管理人员的日常工作环境和条件。采取提供必要的办公设施、技术支持以及合理的薪酬待遇等措施，为专职管理人员创造一个良好的工作环境和氛围，使他们能够全身心地投入数字档案室的建设和管理工作。

六、档案智慧化在政府智慧城市建设中的应用

在智慧城市的规划与建设过程中，档案智慧化发挥了重要作用。这一技术手段能够为城市规划、交通管理、环境保护、社会管理等各个领域的决策提供可靠的支持。因此，档案智慧化具有不可低估的重要性，必须在智慧城市建设中加以充分重视。

（一）城市规划方面

档案智慧化具有极大的潜力，可以为城市规划提供丰富多样的历史和现状数据，这些数据是城市规划师进行决策和制定策略的重要依据。通过对这些历史和现状数据的深度挖掘和全面分析，规划师可以深入了解城市发展的历史轨迹和未来趋势，从而更准确地预测城市的发展方向和城市规划的需求。同时，档案智慧化还能够帮助政府更好地理解城市居民的需求和意愿，为他们提供更贴近实际情况和符合居民期望的城市规划方案。收集和分析居民的意见和反馈后，档案智慧化可以提供关于居民对城市环境、公共设施和社区发展的看法和建议，帮助政府制定城市规划决策。总之，档案智慧化在城市规划中发挥重要的作用。这一技术的广泛应用有助于推动城市规划的科学化、民主化和可持续发展，为城市的繁荣和居民的幸福做出积极的贡献。

（二）交通管理方面

档案智慧化的应用将为交通管理领域带来巨大的益处。它不仅能够提供实时、准确的数据支持，还能通过深入挖掘和分析交通数据，为交通管理部门提供定量预测交通流量、拥堵情况和交通事故等方面的信息。这将极大地增强交通管理的决策能力，为管理部门提供科学、有效的决策依据。另外，

档案智慧化还具备优化交通信号灯配时方案的潜力，可以进一步提高道路的通行效率，减少交通拥堵和延误现象。随着档案智慧化的推进，交通管理将迎来一个崭新的发展阶段，为城市交通的安全、便捷提供更坚实的基础。

（三）环境保护方面

档案智慧化的实施，无疑将为环境保护事业带来革命性的变革。它不仅能够提供详尽、全面的环境数据支持，更能通过深入挖掘和精确分析环境数据，揭示环境质量状况、污染源分布以及污染治理情况等关键信息，从而为环境保护部门提供决策依据。而且，在档案智慧化的指导下，环境保护部门能够制定更科学、更合理的环境保护方案，为环境治理效果的提升带来巨大的推动力。因此，档案智慧化的引入将为环境保护带来一场革命，为建立更健全的环境管理体系提供可靠的支撑。

（四）社会管理方面

档案智慧化的意义在于为社会管理提供综合的数据支持，从而为决策提供依据。这种技术通过深入挖掘和分析社会数据，全面了解社会热点问题、民生需求以及公共服务情况等方面的信息，帮助社会管理部门更准确地把握社会动态。另外，档案智慧化还对优化公共服务资源配置产生积极影响，从而提高公共服务水平。通过智能技术，社会管理部门能够更精确地评估资源的需求，确保资源的合理分配和有效利用，从而提供高效的公共服务。

第二节　学校档案智慧化的开发利用

随着我国经济的高速发展，信息技术作为其中的重点领域，也在迅猛发展并得到了广泛应用。各行各业都加大了相关的研发力度，促进最新的相关研究成果完成转化，以便积极推动数字化和智能化进程，提升运营和管理效率。学校档案管理作为学校管理的重要组成部分，也紧跟时代发展步伐，顺应时代发展趋势，加强对数字化和智能化技术的应用，着力提升档案管理的网络化水平，促进信息技术应用加速落地，实现最优化方案，从而真正提高学校档案管理的效率。然而，目前学校档案管理依然存在一些问题，例如，管理理念滞后、部分管理人员排斥新科技、管理方法单一刻板、缺少相关管理人才、信息化管理模式应用不足等。这些问题的存在限制了档案资源的最优配置，阻碍了档案管理的理想成效，难以适应复杂的学校档案管理现状。因此，需要采取积极措施，促进学校档案管理综合效益的提升。本部分旨在深入探讨学校档案智慧化开发利用对学校管理的推动作用，并进一步思考如何优化和提升学校档案管理工作的效能。

一、学校档案智慧化的发展现状

随着教学改革的不断深入、新的教学技术的广泛应用以及国家层面的新要求，学校的档案种类变得越来越多样。档案记录了学校的教学理念、竞争优势、发展历程、教学成果等。因此，这些档案非常重要。对学校总结得失经验、加强内部管理和提升教学质量来说，这些档案具有重要的参考价值。

在新一代信息技术得到广泛应用的背景下，档案管理者需要转变原有的思想观念，与时俱进，加大使用新技术和新成果的频率来管理档案。只有提高效率，才能充分发挥档案在教育教学中的作用，才能更好地实现教育事业的高质量发展，教育事业的成果才能更好地惠泽学生，造福社会。因此，档案管理者需要适应时代的要求，将新技术和新成果应用于档案管理，推动档案教育教学的创新和发展。如今，传统的档案管理方式已经难以适应新形势的要求。借助大数据技术的支持，除了可以实现学校档案管理工作的现代化发展，还能优化和提升档案管理工作的效率。因此，学校有必要加强关于大数据技术应用的研究，组织人员集中学习，并在实践中寻找不足，采取有效措施来推动学校档案管理的数据化和信息化发展。只有这样，才能真正做到将理论落实到实际工作中。

二、学校档案智慧化开发利用的内容

学校档案是指学校从事党务、行政管理，以及教育、教学、科研等各项活动中直接形成的有保存、利用价值的各种文字、图表、声像等不同形式的历史记录。它具有原始性、客观真实性、信息性和知识存储性，有非常重要的凭证和参考作用。学校档案是学校重要的办学基础资料，对学校的管理和发展起关键作用。传统意义下的学校档案管理更多还是依靠人工操作，管理效率低下，容易出现疏漏，甚至出现丢失，一旦出现丢失还涉及补办等一系列复杂的流程，不利于建设智慧学校。而学校档案智慧化开发利用则可以有效提高学校档案管理的效率，更好地支持学校的管理决策。学校档案智慧化开发利用是学校档案智慧管理构建方案的一个重要组成部分。将学校档案的收集、整理、保管、利用等业务全流程管理进行信息化系统建设，可以实现学校档案的高效管理和利用，提高学校档案的服务能力和水平，也可以提高相关人员的管理能力。

具体来说，学校档案智慧化开发利用主要包括以下几个方面。

（一）学校档案数字化建设

数字化已成为当今社会发展的重要趋势，学校档案也不例外。随着教育信息化建设的深入推进，学校档案数字化建设已经成为学校管理工作的必然选择。在数字化建设过程中，建立数字化档案库是非常重要的一步。通过对学校档案进行数字化、电子化处理，我们可以将其存储于电子媒介之中，不仅节约了宝贵的空间资源，还可以方便检索和管理。运用备份和存储手段，可以最大限度地避免相关数据的丢失。数字化档案库还可以为校园文化建设提供有力支持，为学校历史、文化、荣誉等重要信息留下永久性记录。

数字化档案的利用也是学校档案数字化建设的重要目标之一。传统的档案管理方式通常需要人工进行手动检索和查询，面对数量庞大的方案，工作量大，工作效率不高。而数字化档案可以实现快速高效地存储和检索，提高了档案服务的水平和效率。此外，数字化档案的共享和发布也更方便，可以切实提升校园文化建设和学术研究水平。

（二）学校档案信息提取与利用

应用档案数字化处理以及高级档案信息提取技术，可以实现对学校档案信息的高效提取和利用，这些技术在学校教学和学生管理工作中发挥着重要的支持作用。例如，采用数字化档案信息提取技术，如计算机技术、扫描技术、OCR技术、数字摄影技术等，可以迅速、准确地提取学校档案中的关键信息，如学生历次的考试成绩、教师的相关论文内容等，教师在进行学生成绩评估时可以更精确、更快速，也为教师进行学科教学调整甚至多学科交叉融合提供科学依据。同时，这些技术还可以有效促进学生的管理工作，通过对学生档案的信息提取，学校能够更好地掌握学生的学习动态、分析学生状态的波动、评估学生的综合素质，从而为学生提供个性化的教育和管理服务，真正做到因材施教。应用档案信息提取技术，可以大大提高学校档案的信息化水平。

（三）学校档案知识化管理

建立一个完善的学校档案知识体系，能够有效地实现对学校档案的知识化管理。该体系通过对学校档案的收集、整理、分析和充分利用，将多年的档案管理转化为一座宝贵的知识库，为学校的教学、科研和管理等提供全方位的支持和指导，进而促进学校的整体发展。这种知识化的管理方式可以更好地保护、传承和利用学校档案中蕴含的珍贵信息和宝贵经验，为教育事业的发展提供坚实的基础。同时，建立学校档案知识库后，学校成员可以随时随地获取所需的档案信息，并进行相关的研究和分析，从而提高学校的教育教学水平和科研创新能力。通过这种知识化管理的模式，学校能够更深入地了解和把握自身的历史渊源、发展轨迹和发展潜力，对现有的规划进行一定程度的调整，制定出更科学、更合理的发展战略和规划。

（四）学校档案安全保障

建立全面的学校档案安全保障机制，可以确保学校档案的安全性和完整性。例如，可以利用电子签名和数字加密等先进技术手段来增强学校档案的合法性和真实性。这些技术手段包括使用加密算法、使用数字证书、采用双因素认证等。这样一来，无论是在档案传输过程中，还是在存储和访问过程中，都能有效防止档案信息被篡改、丢失或者受到未经授权的访问。因此，建立完善的学校档案安全保障机制非常重要。它能够保护档案的完整性和隐私性，提高学校档案管理的可靠性。

三、学校档案智慧化开发利用的方式

（一）建设学校档案管理系统

学校档案管理系统是学校档案智慧化开发利用的核心。它通过强化学校档案管理的科技化手段，提升学校档案管理的水平和效能。具体而言，学校档案管理系统的建设将带来一系列深远的影响。首先，学校档案管理系统将代替传统的人工，使档案的存储、整理和归档等工作更有序、更高效。其次，学校档案管理系统的智能检索功能，使用户可以快速、准确地获取所需档案信息，节约了大量的人力和时间成本。最后，学校档案管理系统还具备数据挖掘、数据分析、数据比较的能力，通过对档案数据的分析和利用，揭示出更多有价值的信息和未来的相关趋势，为学校决策提供参考和支持，甚至对未来的发展做出预测。综上所述，学校档案管理系统因其强大的功能和巨大的潜力，已成为学校档案管理领域的重要发展趋势和途径之一，对提升学校档案的管理效率具有不可替代的作用。

（二）应用大数据技术进行数据分析

学校档案管理系统中蕴含的数据信息数量庞大。但是，借助大数据技术进行数据分析，可以寻找出隐藏的规律，挖掘出有价值的信息。充分利用数据分析等技术手段，可以更全面地洞察学校的状况和趋势，为学校管理层提

供战略性决策所必需的有力支持。这种数据驱动的分析方法为学校提供了一种更深入、更广泛的认知，使其能够更准确地判断现状以及未来的发展方向，从而更有效地组织和规划学校的资源和运营策略。在这一过程中，数据分析不仅是一种简单的技术手段，更是一种帮助学校管理者拥有更明智决策的有效工具。

（三）推进学校档案数字化管理

学校档案数字化管理的重要性在于其作为学校档案智慧化开发利用的一个关键手段，将其与学校档案管理系统有机地结合起来，可以对档案数据进行更全面、更深入、更高效的管理。通过数字化管理，学校能够以更智能化的方式来处理档案，实现对档案数据全面整理、深入分析以及高效利用的目标。

学校档案数字化管理不仅意味着将纸质档案转化为数字档案，更重要的是将其与现代化的信息技术相结合，借助学校档案管理系统来实现对档案数据的全面监控、精确统计和有效查询等功能。通过数字化管理，学校可以更好地利用现有的信息资源，提高档案管理的效率。具体措施如下。

首先，完善档案数字化建设制度，提高相关档案管理人员的综合能力。为了实现这一目标，学校需着眼于自身的档案管理情况，并结合档案管理规定改进各项制度。同时，应优化数字化操作标准。为了确保规章制度和数字化操作标准的切实可行性，学校应基于国家档案部门已颁布的《中华人民共和国档案法》《"十四五"全国档案事业发展规划》等相关规章制度，并根据学校的实际情况制定适用的制度和标准，推动学校档案数字化建设迈上新的台阶。此外，档案管理人员需具备熟练的数字化操作技术，通过数字化手段进行电子信息的查询和管理，掌握智能化的档案处理方式。为了提升档案管理人员的业务素质，学校应安排专业人员，对档案管理人员加大培训，并且提供相关的学习机会。在培训后应及时安排相关测试，确保培训落到实处，避免程序流于形式，不断提高他们的能力水平，进而提升档案管理工作的效率。

其次，加大资金投入力度，创新档案管理模式。完善的基础设备设施是学校档案发展的基础。因此，学校需增加对设备、技术和人才的资金投入。建设数字化档案室的同时，也需建设相应的办公设备和智能化档案存储柜。学校还需增加对各种信息技术的资金投入，以实现学校档案在收集、管理、储存和利用等环节的数字化。学校应不断创新档案管理模式，利用信息化技术建立校园电子档案。在完善个人档案时，学生可自行登录编辑和修改档案，补充空缺内容并更正错误，然后保存和提交，等待相关工作人员审核后生效，再进行保存和管理。

最后，建立统一档案信息库，增强信息安全意识。学校有必要建立一个统一的档案数据库，借助先进的设备和技术来管理，确保数据管理平台的稳定性和安全性。在选择应用系统时，应考虑选用支持读取标准数据库且具备多媒体功能的语言平台。推进学校档案数字化建设所涉及的信息安全问题较多，与国家安全、单位机密以及个人隐私有关的档案必须得到保护，以防止信息的泄露。可以采取高安全级别的操作系统、定期备份数据库、实施严格的用户身份认证和访问权限控制等安全措施，避免系统故障或者人为破坏导致的信息丢失。为了提高档案信息网络的安全意识，除了综合采取防火墙技术、杀毒软件、网络安全检测、用户身份认证以及数据加密技术等措施外，还应不断了解新的安全防护技术，以应对新情况和新问题。并且，档案部门还需要提高档案工作人员对信息保密和安全的觉悟。

四、学校档案智慧化开发利用的优势与不足

学校档案是学校管理一个非常重要的组成部分，它记录了学校历史、教职员工、学生以及各类文件资料等信息。这些档案不仅是学校管理者做出决策的重要依据，还承载着学校发展的轨迹和记忆。然而，传统的学校档案管理方式仍是采用手工管理，这种方式存在一些问题。

第一，手工管理方式效率低下，耗费大量的人力和时间。第二，手工管理容易出错，数据的准确性无法得到保证。更重要的是，手工管理方式的数据安全性不足，档案资料难以得到有效的保护和管理。第三，相关制度的不明确导致档案管理人员产生流动时，不同的人员用不同的方式管理档案，管理趋于混乱，更容易产生诸如档案丢失的严重后果。鉴于传统的学校档案管理方式的种种问题，学校档案智慧化的开发和利用成为当今亟待解决的问题。这种智慧化的开发和利用可以通过引入先进的技术手段来实现。例如，数字化技术可以将学校档案的存储和管理方式进行数字化，使档案信息实现全面的电子化操作；大数据技术可以对学校档案的各类信息进行分析和处理，为学校的决策提供更准确、更全面的依据；人工智能技术可以提高学校档案管理的智能化水平，减少人工操作的烦琐和出错率。

当然，学校档案智慧化的开发和利用也有一些不足之处。首先，这种智慧化技术需要大量的技术人才，学校需要具备一定的技术能力来支持人才的配备。其次，学校档案智慧化技术的应用需要投入大量的时间和资金，在预算和资源有限的情况下，学校可能面临选择和权衡的困境。最后，学校档案智慧化技术的应用需要保证其安全性和可靠性，防止档案信息的泄露和篡改。

（一）学校档案智慧化开发利用的优势

1. 提高档案管理的效率和精度

学校档案智慧化开发利用的意义重大。应用智能化技术，实现对档案数据的智能化管理是现代学校档案管理的一项重要任务。智慧化开发利用能有效避免人工操作中可能出现的误差和纰漏，极大地提高了档案管理的效率和精度。这不仅为学校提供了更准确、更可靠的档案信息，也使数据的处理变得更高效、更便捷。这种智能化的档案管理方式，对学校整体管理具有重要的意义。人工操作转变为智能化管理后，学校能够更好地保护和保存档案，提高学校档案管理的专业性和可持续性。只有积极推进智慧化开发利用，学校档案管理才能更好地适应信息化时代的要求。因此，学校档案智慧化开发利用不仅是一项技术创新，更代表学校管理水平的提升。

2. 为学校管理提供有力支持

学校档案智慧化开发利用可以为学校管理工作提供更全面、更深入、更准确的信息，在学校管理决策中发挥非常重要的作用。当学校将档案数字化并应用智能化技术时，可以实现大数据的采集、存储、分析和应用。学校管理者能够从多角度、多维度深入了解学校的各项情况，包括学生的学习情况、教师的教学情况、课程设置的效果等。通过档案智慧化开发利用，学校管理者可以更迅速、更准确地获取学校的运行数据，做出更科学、更合理的管理决策。例如，在学校的发展规划中，运用关于档案智慧化开发利用的一系列手段，学校管理者可以全面了解学校的资源配置、教育投入、学生满意度等方面的情况，根据相关问题精准施策，制定出更准确、更有针对性的发展策略。此外，档案智慧化开发利用还可以为学校管理者提供对未来的信息预测，可以及时预警，对抗相关风险，提高管理能力。总之，学校档案智慧化开发利用是在信息时代背景下学校管理的必然选择，为学校管理者的决策提供强有力的支持。

3. 促进学校管理模式的创新

学校档案智慧化开发利用是一种新颖的学校档案管理模式，打破了传统管理方式所带来的多种限制。应用智慧化开发利用，学校档案管理在信息化、数字化以及自动化方面得到全面推进，实现对学校档案的全面管理和优化。这种新型模式为学校提供了更多的管理选择和方法，使学校能够更好地适应竞争激烈的现代格局，应对现代教育管理的需求和挑战。这种智慧化开发利用的模式将学校管理工作引向数字化时代，为学校的发展提供了更广阔的空间。它不仅是档案管理上的创新，更是学校整体管理模式的革命性突破。学校档案智慧化开发利用能够推进学校管理模式的创新和升级，为学校管理工作带来更多选择和可能性，有望进一步提高学校的管理水平和综合实力，为建设现代化、智能化强校提供可能。

（二）学校档案智慧化开发利用的不足

1. 缺乏标准化

根据 2008 年教育部发布的《高等学校档案管理办法》第十四条规定："高等学校应当建立、健全档案工作的检查、考核与评估制度，定期布置、检查、总结、验收档案工作，明确岗位职责，强化责任意识，提高学校档案管理水平。"[①] 在当前的教育环境中，一些学校并未采用标准化的数字档案管理系统，许多情况出现了多种不同的解释，这源于缺少相关统一的规范，并且导致档案管理混乱和效率低下。学校应当对纸质档案材料和电子档案材料同

---

① 教育部、国家档案局 . 高等学校档案管理办法［EB/OL］.（2008-09-01）［2024-01-03］.http://www.qziedu.cn/dangzhengbangongshi/dzb_zyxx/2015-07-17/1882.html.

步归档，确保归档没有错漏，确保档案管理工作能够有效地进行。学校应当准确地记录并维护归档数据，以便更好地管理其档案资料，并在需要时能够快速、方便地访问和利用这些信息。通过建立一个高效的数字档案管理系统，学校可以更好地满足不同利益相关者的需求，提高整体的管理效能。

2. 技术支持不足

许多学校在数字档案管理系统维护方面存在一个共同问题，那就是缺乏具备专业技术知识的人才来负责这一重要任务。这一现象可能会引发一系列潜在问题，诸如软件升级的困难、系统崩溃的风险等。为了解决这些问题，学校有必要考虑聘请专业人员。因为专业人员的研究领域各有不同，聘请时也要考虑学校的具体情况，确保其数字档案系统能够得到足够的技术支持和维护。只有建立一支强大的技术团队，学校才能够确保数字档案管理系统的顺利运行。这不仅有助于解决潜在的技术问题，还能为学校带来更高效、更安全且更可靠的档案管理体系。因此，学校应该充分认识到这一需求，采取积极措施，确保拥有足够的专业人员来维护数字档案管理系统。

3. 档案管理人员缺乏培训

配备具有操作数字档案管理系统所需的专业知识和技能的人员非常重要。因此，有必要提倡学校在这方面提供全面的培训措施，确保档案管理人员能够获得充分的专业知识与技能，从而熟练地运用数字档案管理系统，适应日益复杂的数字化操作需求。这样的培训措施有助于提升档案管理人员的能力和素养，使他们能够更好地应对数字档案系统操作过程中可能出现的问题。

4. 安全性的问题

档案管理作为一项敏感而重要的工作，尤其需要数字档案系统具备极高的安全性。然而，一些学校由于缺乏相应的安全措施，导致其所采用的档案系统存在易遭黑客攻击或数据泄露的风险。因此，学校有义务采取适当的措施来加强数字档案系统的安全性，包括加密、备份等。这样可以有效减少安全风险，确保学校数字档案的完整性和可靠性。

五、学校档案智慧化面临的现实挑战

智慧校园为促进档案服务数字化发展提供了必要的技术支持，对推动校园发展起到了积极的作用。然而，在档案服务数字化发展的过程中，需要正视和解决存在的一些现实困境。

（一）信息安全挑战

档案服务数字化面临严峻的信息安全挑战。学校的档案资源是学校发展历程中积累的各类宝贵资源，这些档案资源真实记录并客观反映学校的发展风貌。尤其在教学科研方面，许多档案信息资源对某一科研项目甚至国家利益都具有重要影响。如何处理好档案信息的公开、共享和保密关系成为当前档案服务数字化发展所面临的重要课题。一旦在档案服务数字化的过程中出现泄露档案信息的情况，可能会出现严重的后果，侵害个人、学校甚至国家的利益。因此，学校在推进档案服务数字化的过程中，需要明确档案信息公开的界限，确立什么信息可以公开，什么信息需要涉密处理，有效解决信息安全风险和档案信息开发之间的矛盾。特别是对那些具有重要科研和保存价值的原始性、凭证性信息，应该进行系统思考和科学规划。此外，学校在推进档案服务数字化进程中容易受到黑客和病毒的攻击，需要高度关注如何防范这些风险。

（二）技术开发挑战

档案服务数字化面临技术开发的巨大挑战。虽然技术赋能为档案服务数字化发展提供了全方位的支持，但也带来了档案信息资源开发利用方面的诸多难题。目前，许多学校在档案管理过程中存在技术不足的问题，大部分档案管理人员并未全面掌握现代信息技术，对相关技术往往是只知其一，不知其二，偶尔还会闭门造车，这种现象反而使档案管理工作的效率大幅降低。在档案信息开发利用和共享的过程中，一些学校频频遇到技术难题。另外，一些学校在档案服务数字化的过程中过于保守，依然利用旧有观念和传统方法来思考问题。这些情况导致学校失去了主动性和积极性，对实际推进档案服务数字化造成了不利影响。

六、学校档案智慧化开发利用的方法和策略

如何将学校档案智慧化开发利用落到实处，是当前亟待解决的一个重要问题。我们可以借助数字化技术、大数据技术以及人工智能技术的力量来实现。使用数字化技术，可以将学校档案数字化，并通过互联网进行网络化管理和共享化利用，从而提高信息的传递效率和资源的利用效益。另外，结合大数据和人工智能技术，可以对学校档案进行智能分析和预测，提供更精准的决策支持。未来，学校档案智慧化开发利用将朝着数字化、网络化、共享化和智能化的方向发展。

（一）采用数字化技术进行学校档案管理

数字化技术是一种能够将各种各样的文件类型转换为电子格式的技术，加强对数字化技术的应用能够帮助学校实现对学校档案进行统一管理的目的。

利用这种技术，能够将学校档案转化为电子文件，使学校档案具有数字化、网络化、共享化和智能化的特性。这种转换不仅可以极大地提高档案管理的效率，而且能够促进不同部门之间的信息共享与合作。将学校档案转换为统一的电子文件格式后，我们可以告别传统人工笨拙的检索，更方便地进行档案的查阅、检索和处理。此外，数字化技术还能够保护档案的安全性，确保档案数据的完整性和可靠性，防止意外丢失或损毁等情况的发生。

数字化技术是一种十分强大且有利于学校档案管理的技术工具，使学校档案的管理变得更高效、更便捷和更可靠，向数字化、智能化高速发展。采用数字化技术，能够充分利用现代科技手段，更好地管理和利用学校档案，助力学校的信息化建设和发展。

（二）采用大数据技术进行学校档案的分析和挖掘

大数据技术可以对学校档案所存储的各类信息进行分析和挖掘，为学校管理者提供更准确的决策基础。利用大数据技术，可以对学校档案中的每一个组成部分进行深入的解剖和细致的研究，将学校档案中蕴含的信息转化为可操作的有用数据资源。通过充分挖掘学校档案中的各种关联信息，将原来被忽视的信息串联起来，学校管理者可以更全面地了解学校的运行状况（资金流向、基础设施的使用情况等）、学生的学习情况（学生历次成绩、成绩的波动、成绩分析、优势和劣势科目分析、选科策略等）和教学资源的优化潜力（不同教师的教学风格、教学理念与班级同学的适配程度），更科学地制定管理策略和决策方案。这种针对学校档案的大数据分析和挖掘，将为学校管理者提供更全面、更可靠的数据支持，提升学校的管理水平和决策效率。

（三）采用人工智能技术进行学校档案的分类和处理

人工智能技术可以实现学校档案信息的自动分类和处理，极大地提高了学校档案管理的效率和准确性。通过人工智能技术，学校不再需要耗费大量的时间和精力进行重复、繁杂的任务，而是可以采用自动化处理方式，以更快的速度和更高的准确度来完成文档处理工作。这种技术的应用不仅能够提高学校档案的管理效率，还能够确保档案信息的准确性，为学校提供更可靠的资源数据支持。

七、学校档案服务数字化发展的实践对策

档案服务智慧化发展的长效运行，需要朝规范化、安全化、智能化的方向发展。为此，必须构建一体化的线上管理平台，细化档案服务的内容与形式，不断加强档案服务的精准性和共享性，这是档案数字化服务工作中必不可少的关键任务。

（一）线上平台建设

近年来，很多高校档案管理部门积极尝试档案数字化服务，搭建档案管理系统，并将档案管理系统与智慧校园建设同规划、同部署。为了更好地发挥档案服务职能，一方面，档案管理部门通过搭建线上平台，实现对档案信息服务领域时间和空间的拓展。学校要将档案服务数字化发展纳入长期规划之中，并有效解决当前档案服务数字化发展的技术问题、安全问题、经费问题和制度问题。另一方面，实现档案管理系统与学校 OA 系统、科研管理系统和教务管理系统的有效衔接，进一步提升档案管理系统的兼容性，为下一步档案资源融合、档案信息共享提供有利条件，有效地消除档案"信息孤

岛"。线上平台的搭建，能够为学生和教师提供学籍信息查询、教务信息查询、科研信息查询等多元化的服务，进一步提升服务的智能性和便捷性。

（二）提供智慧化服务

在学校建设过程中，需要充分利用档案信息资源的支持性作用。在推进档案服务数字化发展的过程中，需要积极整合各类档案信息资源，建立完善的学校档案数字库。同时，对各类档案信息进行细致分类，形成多样化的档案信息研究课题，以满足用户需求，促进档案信息资源的充分开发利用和广泛共享。此外，加强学校不同部门甚至社会组织的联系和互动，为各种用户主体提供精准化、智慧化的共享信息服务，促进学校档案信息资源的有效利用。①

八、人工智能技术在高校档案馆的应用前景

高校档案馆指专门为高等教育机构及部门（如大学、学院等）服务的档案馆。高校档案馆具有鲜明的特性，包括：收藏的档案主要与高校历史、管理、教学、科研等相关；档案馆服务主要面向师生和校内外研究者；档案馆的管理和服务需要与高校的教学、科研、管理等紧密结合。②

人工智能技术在高校档案馆的应用具有深远的意义，不仅推动了档案管理模式的创新，还极大地提升了档案服务的效率。首先，高校档案馆作为知识的宝库，通常收藏着海量的档案。这些档案不仅数量庞大，而且种类繁多，传统的档案管理方式往往难以应对。而人工智能技术的引入，为档案的数字

---

① 温明明，张绍诚，牛妍懿.智慧校园视角下档案服务数字化发展研究［J］.公关世界，2023（1）：78-79.

② 沙柳.智慧档案馆建设中的人工智能应用与未来趋势［J］.办公自动化，2023，28（16）：45-48.

化处理和管理提供了强大的支持。人工智能技术能够对档案进行数字化扫描、识别和分类，可以大大提高档案的处理效率和准确性，使档案管理人员能够更快速、更准确地完成档案的整理、存储和检索工作。其次，人工智能技术能在档案的鉴定和保护方面发挥重要作用。传统的档案鉴定方式存在不确定性。而人工智能技术可以通过对档案的内容、形式、历史背景等多维度进行分析和比对，实现对档案的客观、准确鉴定，确保档案的真实性和完整性。同时，人工智能技术还可以对档案进行智能监控和预警，及时发现档案可能存在的损坏或丢失风险，并采取相应的保护措施，确保档案的安全。最后，人工智能技术还能为高校档案馆提供更智能化的服务。通过智能检索系统，用户可以根据关键词、时间、地点等多种条件快速找到所需的档案，大大提高了检索的效率和准确性。此外，人工智能技术还可以根据用户的浏览历史和兴趣偏好，为用户推荐相关的档案资源，提供更个性化的服务。这些智能化的服务不仅提升了档案服务的质量，也增强了用户的满意度和体验感。

（一）人工智能技术在高校档案馆的应用现状

在高校档案馆的运营与管理中，人工智能技术的应用已日益广泛且深入，具体体现在档案管理、档案鉴定以及档案检索等方面。

在档案管理方面，人工智能技术的应用可谓具有革新性。以往，纸质档案的数字化处理往往耗时耗力，效率低下。而现在，借助 OCR 技术，高校档案馆能够迅速将纸质档案转化为可编辑、可检索的数字文本，大大提高了档案数字化的速度和准确性。这不仅方便了档案的存储和管理，也为后续的档案利用提供了极大的便利。

在档案鉴定方面，人工智能技术同样发挥了重要作用。传统的档案鉴定主要依赖于专家的经验和知识，过程烦琐且主观性较强。而现在，通过自然语言处理技术，人工智能可以对档案的内容进行深入分析，自动提取关键信息，辅助档案鉴定人员进行更准确、更客观的判断。此外，图像识别技术也被广泛应用于档案的图片识别和分类中，进一步提升了档案鉴定的效率和准确性。

在档案检索方面，人工智能技术的应用极大地提升了检索效率和用户体验。传统的档案检索方式往往依赖于手工翻阅或简单的关键词搜索，效率低下且难以满足用户的个性化需求。而现在，借助人工智能技术，高校档案馆可以构建智能检索系统，实现基于内容的档案检索和个性化推荐。用户只需输入相关关键词或描述需求，系统便能迅速定位到相关档案，并为用户提供个性化的推荐服务。

（二）人工智能技术在高校档案馆的优势和不足

人工智能技术为高校档案馆带来了巨大的优势，其突出的表现在于显著提升档案管理的效率和准确度，同时大幅降低了人工操作可能带来的错误率，从而有效节省了人力成本。一方面，人工智能技术通过其强大的计算能力和模式识别能力，可以快速处理大量的档案信息，实现档案的自动化分类、整理、存储和检索。另一方面，人工智能技术能够减少人工干预，降低错误率。在传统的档案管理中，由于人为因素的干扰，往往会出现分类错误、信息遗漏等问题。而人工智能技术则能够避免这些问题，通过自动化处理，确保档案信息的准确性和一致性。

尽管人工智能技术在高校档案馆的应用中取得了显著成效，但在档案鉴定方面仍存在一定的局限性。特别是在对历史事件进行分析和研究时，人工智能技术往往难以全面、深入地理解档案背后的历史背景和文化内涵。在档案鉴定过程中，仍需要结合专家的判断和分析，以确保鉴定的准确性和权威性。另外，人工智能技术的应用还面临数据安全的隐患和隐私泄露等问题。由于人工智能技术需要处理大量的档案信息，其中可能包含个人隐私和敏感信息。因此，在应用人工智能技术时，必须加强对数据的安全管理和隐私保护，确保档案信息不被泄露或滥用。

（三）人工智能技术在高校档案馆的应用前景

随着人工智能技术的持续进步与创新，其在高校档案馆的应用前景愈发广阔，展现出无限的可能性。展望未来，人工智能技术将在档案数字化、档案鉴定、档案检索以及档案保护等多个领域发挥更加重要的作用。

1. 档案数字化方面

人工智能技术将实现更高效、更精准的自动化处理。凭借深度学习等技术，人工智能可以对档案进行自动分类和标注，极大地提高了档案数字化的速度。这不仅能够减轻档案管理人员的工作负担，还能够确保档案信息的完整性和一致性。

2. 档案鉴定方面

人工智能技术将结合专家的经验和判断，推动档案鉴定工作的深入发展。通过自然语言处理、图像识别等技术，人工智能可以对档案内容进行深入分析和挖掘，发现档案中的新知识和新价值。同时，结合专家的专业知识，可以更准确地进行档案鉴定和评估，确保档案的真实性和完整性。

3. 档案检索方面

人工智能技术将实现更智能、更个性化的服务。通过构建智能检索系统，人工智能可以根据用户的需求和兴趣，自动推荐相关的档案信息，提高检索的效率和准确性。同时，人工智能技术还可以对用户的检索行为进行学习和分析，不断优化检索算法和模型，提升用户的满意度和体验感。

4. 档案保护方面

人工智能技术在档案保护方面发挥重要作用。通过智能监控和预警系统，人工智能可以实时监测档案的状态和变化，及时发现可能存在的损坏或丢失风险，并采取相应的保护措施。这不仅可以确保档案的安全和完整，还可以延长档案的保存寿命。

当然，人工智能技术在高校档案馆的应用需要与专家的经验和判断相结合。专家的专业知识和智慧在档案管理中仍然具有不可替代的价值。未来，应该积极探索人工智能技术与专家的合作方式，共同推进高校档案馆的数字化和智能化建设，为教学和科研提供更全面、更高效、更智能的档案服务。

（四）人工智能技术在高校档案馆应用的特殊意义

人工智能技术在高校档案馆的应用具有特殊意义，主要包括以下几方面。

1. 提高档案管理效率

高校档案馆拥有海量的档案资料，传统的管理手段不仅耗时耗力，而且效率相对较低。但是，借助人工智能技术，这一问题得到了有效解决。通过运用自然语言处理、图像识别等先进技术，人工智能可以对档案进行智能化的分类、标注和描述，极大地提升了档案管理的效率。这种方式不仅减少了大量的人力投入，还显著缩短了处理时间，为高校档案馆的现代化管理带来了革命性的变革。

2. 保障档案安全

高校档案馆中储存的档案资料汇聚了教学、科研、行政等诸多领域的关键信息，其安全性至关重要。在保障这些档案的安全和隐私的工作流程中，人工智能技术发挥了重要作用。通过数字化的处理手段，人工智能技术将档案转化为数字形式，有效防止了档案的损坏和丢失。同时，利用先进的安全加密技术，人工智能技术能确保档案在存储和传输过程中的安全性，有效防止了未经授权的访问和泄露。这样，高校档案馆能够更放心地管理和利用这些重要资料，使其为教学、科研和行政工作提供有力的支持。

3. 改善档案服务质量

高校档案馆致力于为师生及校内外研究者提供优质的档案服务，而如何提升服务水平始终是一个核心议题。人工智能技术在此方面展现出巨大的潜力。通过构建智能化的检索和推荐系统，人工智能技术能够根据高校用户的需求和兴趣，迅速定位并推荐相关的档案资料，极大地提升了档案服务的便捷性和精准性。高校用户不再需要耗费大量的时间和精力去手动翻阅和筛选档案，只需通过简单的操作，就能快速获取所需的信息。这不仅提高了高校用户的工作效率，也提升了他们的满意度和体验感。因此，人工智能技术为高校档案馆提供了更好的档案服务方式，有助于推动档案馆的现代化发展。

4. 推动档案数字化转型

数字化技术的迅猛发展使档案的数字化转型成为势不可挡的趋势。在这一进程中，人工智能技术发挥了举足轻重的作用。它不仅为档案数字化转型提供强大的技术支持，还为其带来创新的思路和方法。通过运用人工智能技术，档案馆能够更高效地实现档案的数字化处理、存储和管理，提升档案的利用价值和服务水平。因此，人工智能技术是推动档案馆数字化转型的重要力量，为档案工作的现代化发展注入了新活力。

第三节 医院档案智慧化的开发利用

互联网技术和现代通信技术的快速发展为人们获取和传播信息提供了方便，但也因此产生了巨大而复杂的数据量。同时，云存储和云计算技术的发展为快速存储、高效处理和共享管理数据提供了强大的技术支持。在这一前所未有的信息浪潮中，我们真切地感受到了"大数据"时代的来临。随着智慧医疗和智慧档案的迅速发展，各医院对档案智慧管理的重视程度不断提高。而大数据作为信息化时代的新特征，为医院档案管理工作带来了前所未有的机遇和挑战，也使建设"智慧档案"成为一项重要课题。因此，医院档案的智慧化开发利用已成为提高医院管理效率和服务质量的重要手段。本部分将探讨医院档案智慧化的开发利用，以期为相关领域的研究和实践提供参考。

一、医院档案管理现状

在大数据应用成为时代发展的趋势下，各级医疗机构，尤其是大型医院，日益认识到对档案大数据进行有效管理的重要性。传统的"以纸质为体，手工为用"的模式逐渐被弃用，取而代之的是基于先进科学方法的"以数字为体，网络为用"的工作状态。这种转变是医疗行业与信息技术行业融合的产物，正逐渐成为医疗管理的基石。运用相关的科技手段，医疗机构可以更高效地存储、分析和利用大规模的医疗档案数据，这些信息技术为医疗决策和疾病预防控制提供有力支持。同时，数字化和网络化的档案管理系统也为医疗机构间的信息共享和协同工作提供了便利，促进了医疗资源的优化配置和医疗服务的质量提升。因此，医疗机构必须积极适应这一趋势，加强对档案大数据的管理能力，不断引入新技术和新方法，为医疗行业的发展做出贡献。

随着医疗事业的不断发展，医院档案管理工作变得越来越重要。然而，当前医院档案管理的现状并不尽如人意，存在一些亟待解决的问题。以下是医院档案管理现状的具体内容。

（一）档案管理制度还不完善

目前，许多医院的档案管理制度不够健全，缺乏统一的标准和规范，甚至依然沿用几十年前的管理模式。由于制度的不完善，档案管理容易出现混乱，导致档案的丢失、损坏或泄密。此外，由于缺乏有效的监督机制，严重影响了档案管理的质量和效率。对医院的档案管理部门而言，制定和执行严格的档案管理制度至关重要。然而，医院的档案管理部门所面临的问题是他们未能制定与其职责相关的具体档案管理制度，或者当前的档案管理制度存在某些不完善之处，导致一些规定与实际工作发生冲突，影响了实际应用效果。这种情况使档案管理人员无法从根本上认识到自己工作的重要性，也无法参考制度的规定来提升自己的工作方式。因此，医院亟须建立完善的档案管理制度，确保工作人员全面理解并遵守相关规定，实现档案管理工作的最大化效益。

（二）缺乏档案管理意识

对企事业单位来说，拥有优秀的档案管理人才是实现长远发展的关键。然而，目前的状况显示，医院档案管理人员在工作过程中面临一些困难。这主要是因为某些医院的相关档案管理人员大多是由其他科室年龄稍大的员工担任，甚至没有专门的档案管理人员。即便有相关的档案管理人员，医院也未能加强对他们的培训，同时也缺少相应的考核与测试，导致他们无法在日常工作中获得系统性的技术指导，管理水平也稍显不足。此外，部分档案管理人员并非专业的管理岗位人员，对档案管理技术的基础了解较为薄弱，更忽视档案管理的重要性。因此，在日常工作中，他们常常遵循过去的经验，然而过去的经验难以解决新的问题。当面临未曾遇到的新问题时，他们无法使用系统且科学的分析方法，不知道如何采取有效的措施来进行档案管理。

许多医院没有充分重视档案管理的重要性，缺乏必要的档案管理意识，未能意识到档案管理对医院整体运营和发展的重要性。由此造成的结果是，医院在档案管理方面投入的人力、物力和财力不足，档案管理水平较低。

（三）医院档案管理技术水平比较落后

目前，在一些医院的发展过程中，档案管理技术水平落后的问题没有得到妥善解决。同时，没有为医院的档案管理部门引进先进的互联网技术，也未提供适当的软硬件设备支持。可以说，这种状况阻碍了医院的进一步发展，未能充分发挥档案管理部门在医院运营和决策中的重要作用。为了改变这一局面，医院管理层必须转变经营理念，应认识到档案管理技术升级的紧迫性，加大投入力度，引进先进的互联网技术并为其提供必要的软硬件设备支持。通过完善档案管理工作，促进医院的信息化建设和科学发展。

二、大数据时代医院档案的特征

大数据时代要促进医疗卫生领域建立数据与服务的理念。目前，医院档案具有以下特征。

（一）档案资源总量庞大

一方面，医院档案随着时间的积累越来越多。另一方面，随着医学影像技术的发展和运用，医学影像文件数量不断增加，占据了大量的存储空间。此外，在医疗工作中，照片档案、音视频档案等多种类型的档案也在不断生成，是医院档案的数据量增加的另一个重要因素。综上所述，医院档案的数据量越来越庞大。

（二）档案资源种类繁多

医院所拥有的档案资源种类极为多样。其涵盖了医疗业务活动中产生的多种类型的档案，包括病历档案、影像档案等。此外，医院还保有其管理服务活动中所形成的各类档案，例如人事档案、科技档案、基建档案、设备档案等。这些档案的存在和维护对医院的正常运营和管理有至关重要的作用。它们记录了医院的诊疗过程、病患信息、医疗设备维护等诸多关键信息。因此，医院不仅需要保证档案的完整性和可靠性，还需要做好档案管理工作，确保这些宝贵的档案资源能够得到有效的保存和利用。

（三）档案真实性

医院档案的真实性指在大数据时代背景下，医院各项活动所形成的档案具有原始记录性、凭证性以及情报等价值，这些档案在医疗、教学、科研、民事诉讼、医院管理等方面具有不可替代的法定价值。2010 年，国家卫生健康委员会发布了我国电子病历基本规范，并对其法律效力进行了认可。电子病历的引入和认可进一步完善了医院档案的体系，使其成为医疗活动中不可或缺的重要组成部分。

（四）档案价值的低密度性

档案价值的低密度性指档案中所蕴含的信息相对较少，而且这些信息的价值较低。然而，信息技术的广泛应用已经导致各类信息以惊人的速度不断增长，这样积累起来的数据已经构成了医院活动的大数据。尽管这些大数据包含了一定的信息价值，但是部分数据的价值相对较低，其中有价值信息的比重相对于档案价值而言已经降低了。

（五）档案获取速度快、时效高

从海量的医院大数据中筛选有用的信息是利用者的迫切需求。他们需要快速且准确地找到所需信息并在短时间内进行处理。因此，医院数据处理技术的进一步提升成为一项紧迫而重要的任务。为了满足利用者的需要，医院需要加强数据的分析和处理能力，确保从海量数据中能迅速提取有价值的信息，提供更快速、更高效的档案获取服务。因此，提升医院的数据处理技术，不仅可以增强档案获取的速度和时效性，还可以提升医疗领域的数据驱动决策能力。

三、医院档案管理的改进措施

医院档案管理的改进措施是提高医院管理水平和医疗服务质量的重要保障。加强医疗领域"智慧档案"建设和全生命周期视角下的智慧管理，可以进一步提高医院档案管理的效率，为医院的发展和患者的健康提供更优质的服务。

（一）医疗领域"智慧档案"建设由理念进入实践

随着信息技术的发展，医疗领域开始引入智能化技术，构建"智慧档案"。这种档案管理方式不仅可以提高档案管理的效率，还可以为医生和患者提供更便捷的服务。智慧档案建设可以从以下几方面开展。首先，智慧档案建设需要建立完善的信息化系统。引入先进的档案管理软件和硬件设备，可以实现档案的数字化、智能化管理。需要建立完善的档案信息数据库，实现档案信息的共享和交换。其次，智慧档案建设需要加强档案的标准化和规范化管理。这需要建立完善且明确的档案管理标准和质量管理体系，确保档案管理符合规范要求。最后，智慧档案建设需要注重信息安全保护。由于档案信息涉及个人隐私和医疗机密，一旦泄露将会产生严重后果。因此，需要从多方面加强信息安全管理，从信息录入、使用的各个流程确保合乎相应的规范。

（二）医院档案在全生命周期视角下的智慧管理

医院档案智慧管理的总体思路是：将健康数据从生成开始直到归档保存或者用于智慧档案信息的二次利用全部阶段串连起来，形成一个完整的生命周期过程。这一理念深深扎根于医院档案在全面视角下的智慧管理，贯彻健康数据产生的操作全流程，旨在从一开始就对智慧档案的整个生命周期进行控制，并利用智能档案密集架、环境控制设备、门禁设备、安防设备等智慧档案的"基础设施需求"来实现智慧档案管理。在此过程中，医院档案智慧管理部门不仅对信息数据的生成、传输、存储和共享等每个动态变化节点进行安全防护和状态记录，而且通过特殊的信息的传递方式来保持和维护安全状态，最终建立起一个覆盖医院智慧档案所有管理活动的目标管理体系，将信息安全的保护融入医院智慧档案的整个生命周期过程中。

四、医院档案工作面临的挑战

（一）在档案管理思维方面

医院对档案资源的利用局限在初级阶段，只是查阅档案凭证，忽略了其背后的信息对医院的巨大影响。与此同时，医院档案的管理组织系统和管理网络不够完善，没有搭建相应的平台和渠道，档案工作人员的专业认知不清晰，专业素质和能力有待提高。随着大数据技术的不断发展和人们对档案价值的认识提高，人们对医院各类档案的需求不断增加，并呈现出个性化和多样化的趋势，这对现有的档案管理思维提出了挑战。

（二）在人才队伍建设方面

在人才队伍建设方面，必须认识到在大数据时代，医院档案工作所涉及的技术和领域是非常庞杂的。对于海量的医院档案资源，传统的档案管理方法重收藏，显然无法充分挖掘出这些档案资源中所蕴藏的巨大价值。然而，借助大数据处理技术，可以很好地克服这些不足。另外，必须面对现有档案管理人员普遍存在的知识老化问题，特别是大部分员工工作的时代网络不发达，形成了工作惯性，难以适应新形势和新技术，存在畏难情绪，甚至排斥新技术。他们在现代技术尤其是信息技术应用方面的能力不足。为了解决这个问题，医院必须加大力度，引进或者培养既懂档案专业知识又掌握大数据专业技术的人员，加强档案管理岗位的人员配置。同时，组织这些专业人员对现有员工进行培训。只有这样，才能更好地应对大数据时代带来的挑战，进一步提升医院档案管理工作的水平。

五、人工智能对医院档案管理的作用

随着科技的飞速发展，人工智能在各个领域的应用越来越广。在医院档案管理方面，人工智能的引入不仅可以提高管理效率，还可以优化医疗资源的配置，提升医疗服务水平，更好地维护患者的利益与权益。本部分将详细探讨人工智能对医院档案管理的作用。

（一）促进医疗资源合理配置

医院档案的数量庞大，并且种类繁多。人工智能可以在遵循档案保密原则的前提下，统一收集、分析和过滤不同类别、不同形式的档案信息。这可以打破各个科室不同部门的交流壁垒，实现档案资源的共建共享，促使医院资源的业务流转从物理形式转变为数据流。此外，人工智能还可以运用图像识别、语义分析、自然语言处理等技术，智能识别和分类管理医院档案中的表格、图像等信息数据。人工智能的应用有助于建立一个多档合一的医院"大档案"，简化患者求诊流程，提高归档效率和准确性。通过对医院档案数据的分析，人工智能能够更精确地评估医疗资源的供需情况，为医院的资源分配提供科学依据。

（二）提升医院医疗服务水平

人工智能技术在医疗档案管理中的应用，有助于提高医疗服务水平。通过人工智能技术，医生可以快速获取患者的病史、诊断结果等信息，为患者提供更精准的医疗服务。此外，人工智能技术还可以辅助医生进行疾病诊断，检验最后的医疗方案，提高医疗服务的专业性和准确性，最大限度地避免医疗事故、医患矛盾等问题的发生。

在医疗档案管理的过程中，可以利用人工智能、知识图谱、深度学习、自然语言理解等多种技术手段，对医院档案的文件级别、历史医疗档案信息等进行智能价值鉴定和重新定义。这些技术不仅能够按照时空和内容的多重维度进行分析，还能够进行深层次、细粒度的翻译转换和智慧推理。通过将全局与局部特征联合起来，能够将档案从数据级别和内容级别的病例档案转变成更深入、更详细的形式。同时，借助人工智能的 OCR+NLP 技术，能够智能分析档案，并进行像素级别的语义分割。此外，通过应用知识图谱和数据挖掘技术，可以将不同档案数据要素进行关联。通过模仿人脑的机制来简化参数预处理的流程，能够拓展档案管理的开放主体、范围、内容，实现不同医院之间相同患者档案资源的流通更新、关联聚类和在线查询。这些技术手段的应用能够显著简化医疗救治流程，有助于制定针对性的医疗方案，满足不同医院对患者医疗档案的共享需求。当面向医疗人才档案管理时，人工智能还能将传统的单一结构文本型人才档案转变为更复杂且具有网状层级结构的数字档案。这种新形式的档案能够让医院全方位地了解医疗人才的知识技能、道德素质和历史工作记录。这些技术的应用，能够为医院提供更全面、更准确的医疗人才信息，从而更好地满足医院的需求。

（三）维护患者的利益与权益

人工智能的出现为人与机器的互动带来了巨大的改变，从传统的"由输入到反馈"循环转变为智能的"由推荐到选择"循环。在这一基础上，人工智能可以结合自然语言处理、深度学习算法等技术，实现与患者的语音、视觉和触觉交互。通过声音、图像和虹膜等方式，患者可以方便地进行档案管理。人工智能可以根据患者的档案调用经历实时记录患者的检索频率、常用服务等行为操作痕迹，分析患者的档案信息资源需求，提供个性化的档案智能推送服务。人工智能还可以利用多模态识别技术，如人脸识别、指纹识别和声音识别，提高患者就诊档案信息的安全性，并实现电子档案的异地云备份，预防档案故障，防止数据泄露、数据交易和数据丢失等档案管理问题。此外，借助人工智能技术，可以建立医院专家与医疗资源的数据库，实现相关档案信息的公开透明，为患者自主、科学地选择医护人员提供支持。

第四节　企业档案智慧化的开发利用

随着信息技术的不断发展，企业档案智慧化的开发利用已成为当前企业信息化建设的一个热门话题。企业档案智慧化，就是在企业档案数字化、信息化的基础上，采用人工智能、大数据等技术手段，对企业档案资源进行挖掘、分析、重组和利用，更好地服务企业的发展和管理。本部分探讨了企业档案智慧化的内容、实现方式和优势以及未来发展趋势，期望进一步提高企业档案的利用效益和应用价值。

一、企业档案智慧化的内容

企业档案，作为企业历史的重要记录和资产，贯穿企业管理、经营、文化等多个领域，具有重要的价值和意义。为了更好地利用和管理企业档案，企业档案智慧化成为一种趋势和需求。企业档案智慧化的核心是将纸质档案转变为数字化、网络化、可视化的形式，从而方便企业存储、传输、查询和利用档案。具体而言，企业档案智慧化包括以下四个方面的内容。

（一）数字化

在现代社会中，数字化至关重要。采用现代技术手段，将传统的纸质档案转化为高度实用的数字形式，大幅提升了档案的可利用性和可操作性，使档案的价值实现最大化。数字化使原本需要大量物理空间存储的纸质档案得以高效地储存于电子设备中，减少了对有限资源的需求。数字化档案的存储方式更安全、更可靠，不受物理破坏、火灾或其他灾害因素的威胁，确保档案信息的长期保存和可靠传递。数字化使企业档案的查阅变得更便捷。过去，人们需要在纸质档案库中耗费大量时间和精力来查找特定的档案。现在，数字化的档案系统极大地缩短了查阅时间和成本。只需要输入简单的关键字搜索，可以迅速找到所需的档案，提高了工作效率。另外，数字化档案还支持多人同时访问和协作，使团队间的信息共享更方便。这种便利性不仅可以在日常工作中体现出来，还为企业决策提供数据支持。

（二）网络化

网络化在企业档案智慧化中扮演至关重要的角色。利用网络平台对数字化档案进行存储和管理，使档案可以实现远程访问和共享。这种方法不仅可以便利地进行档案的传输和共享，还有助于促进不同部门或分支机构之间的信息互通。在这种框架下，企业能够通过网络将档案资源实现全方位的利用，提升工作效率，提高团队合作，为企业的发展带来更多的机遇。

（三）可视化

可视化指的是采用多样化的呈现形式，如图像、音频、视频等，将档案内容以一种更直观、更形象、更生动的方式进行展示。这样一来，不仅能大幅提升档案的传播效果，还能大幅提升档案的实际利用价值和吸引力，为企业提供更有效的管理与决策支持。通过可视化手段，档案的复杂性得到深层次的降低，使用户能够在较短的时间内轻松获取和理解大量信息，帮助他们更好地把握档案的核心内容和相关知识。可视化还有助于降低档案处理和浏览的认知负担，使用户更愿意使用档案资源，提升企业的工作效率和知识创造能力。总而言之，可视化技术在企业档案智慧化的进程中有至关重要的作用。

（四）知识化

知识化是企业档案智慧化的终极追求。它旨在通过深入挖掘、分析和应用档案数据，将其转化为企业的智慧财产。通过知识化，企业能够在经营和发展的各个阶段更充分地利用档案包含的信息，总结出其所蕴含的丰富知识和宝贵经验，为企业发展提供强有力的支持。企业档案的知识化能为企业的创新和竞争提供坚实基础，为企业带来生产力和效益的显著提升。企业档案的知识化还能为企业建立起高效的信息管理和知识共享机制，促进内部团队的协作和沟通，提升企业的整体运营效率和响应能力。总而言之，企业档案的知识化不仅是一个目标，更是一项重要的战略举措。它是企业走向智能化、创新化和可持续发展的关键所在，对企业的长远发展具有重要意义。

二、企业档案智慧化的实现方式和优势

（一）企业档案智慧化的实现方式

企业档案智慧化是当今企业信息化发展的新趋势。它通过运用新兴技术，打通各个信息系统和数据源，实现从档案管理到数据挖掘的全面改善。本部分将从以下几方面探讨企业档案智慧化的实现方式。

1. 数字化转型

企业档案的数字化转型是实现档案智慧化的一项重要举措。当企业将纸质档案转换成数字档案时，会带来许多益处。数字化转型可以有效节省存储空间和维护成本。这是因为数字档案不需要占用大量的物理空间，也不需要频繁地进行手动维护和保护，降低了重要资料丢失的风险。另外，数字档案为数据分析和挖掘提供可靠的数据来源。企业可以采用多种方式来实现数字

化转型，比如，扫描纸质档案、拍照记录等。总之，企业档案的数字化转型是为了更好地实现档案智慧化的目标。纸质档案转换为数字档案，既能够节省资源成本，又能够提供高质量、准确的数据源。

2. 云端存储

云端存储在提升企业档案智慧化方面扮演着至关重要的角色。它通过将数字档案存储于云端，实现了远程访问、共享和备份的功能，为后续的数据分析和挖掘提供了高效、便捷的数据集成和处理方式。云端存储不仅极大地方便了企业对档案的管理和利用，同时也为企业提高工作效率提供了有力支撑。总的来说，云端存储的引入与应用为企业档案管理带来了革命性的变革，为企业提供了更广阔的发展空间和更强大的竞争优势。

3. 数据挖掘与分析

通过数据挖掘与分析技术，实现对数据的有效利用，将档案资料转化为宝贵的企业智慧财产，为企业制定决策提供参考依据。运用数据挖掘与分析技术还能帮助企业深度洞察档案数据的独特特性和其所呈现的变化趋势，为企业决策提供数据支持，提升企业的决策效果。

4. 人工智能

人工智能技术在企业档案智慧化方面具有显著作用。利用自然语言处理、机器学习等前沿技术，可以对档案数据进行智能识别、智能分类和智能分析，实现对档案数据的高效处理和利用。人工智能技术还能为档案管理提供一系列自动化的解决方案，极大地提高档案管理的效率。通过人工智能技术，企业能够更好地利用档案信息，实现智能化的档案管理，推动企业的数字化转型与发展。

（二）企业档案智慧化的优势

大数据和人工智能技术的快速发展给企业档案智慧化提供了可能。智慧化档案管理系统可以对档案进行深入的挖掘和分析，使档案的管理、存储和检索更高效、更准确。本部分探讨了企业档案智慧化的优势，具体有以下几方面的内容。

1. 提高档案管理效率

智慧化档案管理系统是一种利用自动分类、智能检索和信息提取等技术手段来快速、高效地处理和管理档案的工具。通过使用这种系统，企业可以建立更加规范化和标准化的档案管理系统，达到提高档案管理效率的目的。系统可以自动按照一定标准将档案根据内容、类型或时间段进行分类，不再需要手动进行归类。系统可以通过智能检索功能，快速找到所需的档案，节省了大量的时间和人力。系统还具备信息提取功能，可以从档案中提取关键信息，例如日期、名称或关键词等。因此，智慧化档案管理系统对企业来说，不仅可以提高档案管理的效率和准确性，还可以使整个管理过程更加智能化和便捷化。

2. 促进决策制定

通过运用智慧化档案管理系统对档案进行深入的挖掘和系统的分析，企业的领导层能够获得详尽而精确的数据，使决策制定更科学、更合理。这种智慧化系统所提供的全面信息呈现和细致数据分析，为管理层提供了独特的机会去观察和理解企业运营的方方面面，进而更好地了解市场趋势、竞争环境以及内外部因素，为决策者提供了更具洞察力的决策支持。同时，通过运用智慧化档案管理系统的信息挖掘和分析功能，管理层还能够全面了解和识别所面临的机遇和风险，更深入地洞察市场和行业动向，为企业的决策制定提供导向。

3. 增强企业核心竞争力

智慧化档案管理系统具有巨大的潜力，能够为企业创造更大的商业价值，推动企业实现战略转型，提升核心竞争力。通过智慧化档案管理系统，企业可以深入挖掘市场需求和竞争对手的信息，探求变化规律和未来走向，制定更具远见的商业战略，以此获取市场先机。这一先进的系统为企业提供了独特的竞争优势，帮助企业在激烈的市场竞争中取得成功。通过充分利用智慧化档案管理系统，企业能够极大地提升自身的业务效率和创新能力，实现持续的增长和发展。

三、企业档案智慧化的未来发展趋势

随着数字化时代的到来，企业档案面临新的机遇和挑战。如何更好地实现企业档案的数字化、信息化和智慧化，是一个需要思考和研究的重要问题。随着信息技术的不断发展，企业档案智慧化的未来发展趋势主要体现在以下几方面。

（一）提供智能化服务

通过运用智能检索和智能推荐等先进技术，智能化服务可以给企业用户提供更多个性化的档案服务。这些技术的引入大幅提升了用户体验，使用户可以更方便地访问所需资料。在智能检索方面，系统能够根据用户的需求和偏好，自动筛选和匹配相关档案，为用户提供更精准的搜索结果。在智能推荐方面，系统能够根据用户的历史浏览记录和兴趣偏好，智能地推荐相关的档案内容，提供更个性化、更有针对性的服务。这些智能化的功能不仅节省了用户的时间和精力，还能帮助用户更好地发现和利用有价值的资料。总的来说，智能化服务为企业提供了更多个性化选择，极大地提高了企业用户的档案服务体验。

（二）加强数据安全

加强企业档案数据的安全措施，可以有效防范不法分子的数据泄露和侵权行为，保障数据主体的合法权益。这需要我们加强对企业数据的加密和存储控制，采用先进的加密算法和安全存储设备，确保数据的机密性和完整性。建立健全的访问权限管理制度，明确有权访问和操作档案数据的用户群体，并采取必要的审计和监控手段，追踪数据的访问和使用情况。定期进行数据备份和恢复，应对可能发生的数据丢失或意外损坏等情况，确保数据的可靠性和可用性。加强数据传输过程的保护，采用安全的通信协议和加密技术，防止数据在传输过程中被篡改或窃取。

（三）建设档案数字化中心

企业拥有大量的多种类型的档案，因此，建立一个档案数字化中心将有助于实现档案的数字化、信息化和智慧化目标。数字化中心需要安全、可靠的网络环境和硬件设施，还需要专业的人员队伍和完善的管理体系。只有这样，才能保证档案数字化的顺利进行，更好地满足企业在信息化时代的需求。建设数字化中心不是一个简单的技术工作，而是需要综合考虑各方面的因素，确保数字化中心的运行和发展能够达到预期的效果，为企业带来更大的价值。因此，数字化中心的建设必须注重整体规划，充分发挥大数据、云计算、人工智能等新技术的优势，结合企业的实际情况和需求，制定相应的数字化策略和方案，并逐步实施和完善。

（四）制定档案管理制度和规范

制定档案管理制度和规范是实现企业档案智慧化开发的必要前提。为了确保档案资源的可持续利用，档案管理制度和规范需要与数字化中心的建设和应用相互配合。这种配合能够有效地提升档案资源管理的效能，为企业创造更持久的价值。在这一过程中，需要充分考虑档案管理的复杂性和多样性，制定更细致、更全面的档案管理制度和规范，以应对不断变化的业务需求和技术发展。只有通过确立合理且灵活的档案管理制度和规范，企业才能更好地理解、掌握和应用档案信息，从而实现其档案资源的最大化利用。档案管理制度和规范不是一成不变的，需要进行更新和修订，以适应不断变化的环境和需求。

（五）智慧化应用档案资源

智慧化应用档案资源的潜力是巨大的。它通过充分利用人工智能技术，实现对档案信息的深度挖掘和分析，进一步提升档案的利用价值。例如，可以运用人工智能技术对企业档案进行精细分类、高效检索和全面分析，为企业管理和决策提供全面支持。这样一来，企业就能更好地运用档案资源来了解自身的历史、现状和潜力，为未来的发展制定更具针对性的战略。与传统的档案管理相比，智能化应用档案资源不仅能节省人力和时间成本，还能提高工作效率和决策水平。因此，智能化应用档案资源是推动档案工作现代化、数字化和智能化的重要手段之一。

第五章　大数据时代智慧档案馆构建探析

随着大数据时代的到来，档案管理面临巨大挑战。传统的档案管理手段使档案的存储、管理和利用受到了较大的限制，难以满足新时代的需求。因此，智慧档案馆应运而生。智慧档案馆是一种基于大数据、云计算、物联网，通过数字化、网络化、信息化、智能化等先进技术手段，实现自动化管理、智能化服务、数字化保存等功能的现代化档案馆。智慧档案馆以其高效、智能的特点改变了档案管理的现状，对实现档案信息资源的全面开发利用和共享具有重要意义。

第一节　大数据时代智慧档案馆的构建

大数据时代智慧档案馆的构建，不仅需要考虑档案馆内部的业务流程和数据结构，还需要建立高效的数据管理体系和安全保障机制。智慧档案馆的架构设计应充分考虑档案馆的扩展性和可持续性，以确保其能够长期稳定地运行。本部分主要探讨大数据时代智慧档案馆的构建。

一、智慧档案馆的概念与特点

（一）智慧档案馆的概念

智慧档案馆分为狭义和广义两个概念。在狭义上，智慧档案馆指包含传统和新型档案的内容和载体信息的智慧化模块。在广义上，智慧档案馆指涵盖了一切信息化要素的档案馆，即数字化、智能化管理下的档案馆。智慧档案馆是在城市发展过程中衍生出的新的档案管理形式，它利用现代信息技术手段对传统档案馆进行数字化转型。这样做既可以保护档案资料，又可以方便更多人获取历史文化信息。与传统档案馆相比，智慧档案馆有着许多不可替代的优点和便捷性。一方面，数字化转型节约了储存空间，优化了档案的利用率。另一方面，数字化转型节约了人力资源的投入，实现了档案数字化存储和智慧管理。

1. 资源多元性

智慧档案馆是由包括老旧纸质档案、原始电子档案、档案数字化成果和相关网站信息等在内的一系列档案所构成的。智慧档案馆能够为用户提供全面的信息资源，并且用户可以根据操作指导进行多种操作，如下载、转发、保存和分享等。通过智慧档案馆，用户可以方便地获取所需的信息资源，整个档案管理系统的服务效率得到了提高。

2. 综合处置性

智慧档案馆智能体系可以与其他系统设备相连接，实时监测档案管理情况，也可对用户进行数据分析，及时调整相关资源的利用率，实现档案实体、档案信息、档案管理环境的一体化管理和互动管理。

（二）智慧档案馆的特点

智慧档案馆的特点主要包括以下几个方面。第一，数据驱动成为智慧档案馆的核心。智慧档案馆运用大数据技术来收集、存储、处理和分析档案数据，以实现高效的档案管理和有效的档案利用，进一步拓宽了档案馆的功能和作用。第二，数字化和网络化成为智慧档案馆的基本手段。智慧档案馆采用数字化和网络化技术对档案进行处理和传输，以实现档案的快速传递和共享，有效提升档案的利用率。第三，智能化服务成为智慧档案馆的重要特征。智慧档案馆引入智能化技术，建立智能档案检索系统和智能服务系统，以实现档案的智能管理和优质服务。第四，智慧档案馆利用大数据技术对档案数据进行分析和应用，挖掘档案中潜藏的有价值的信息。

二、大数据时代智慧档案馆构建的必要性

随着人们生活水平的提高，对档案信息查询、利用的需求也在不断提高，智慧档案馆可以更好地满足这些需求。智慧档案馆系统通过综合应用物联网、云计算等新技术，开发了对档案实体、档案内容、档案服务和档案管理等信息的感知、处置等功能，实现了对档案信息资源和档案业务资源的智慧收集、智慧管理、智慧服务、智慧保护和智慧监督。大数据时代智慧档案馆构建的必要性主要体现在以下几个方面。

（一）适应数字化发展趋势

随着数字化技术的飞速进步和广泛应用，档案馆必须紧跟数字化发展的步伐，具备适应数字化趋势的能力。智慧档案馆通过引入数字化技术手段，

将纸质档案转变为数字档案。这种转变使收集和分析档案信息变得更准确、更全面，同时提升了档案的保存寿命和安全性。这种数字化转型为档案馆带来了无限可能，成为应对日益增长的信息量和日新月异的信息技术的有效途径。因此，适应数字化发展趋势成为档案馆发展的必然选择，可以推动档案事业朝着高效、智能和可持续的方向发展。

（二）提高档案管理效率

智慧档案馆利用自动化管理技术，能够以自动的方式对档案进行分类、整理、存储、查询和利用等操作。这些自动化技术不仅提高了档案管理的效率，还使整个过程更高效、更精确。同时，智慧档案馆还采用智能化服务技术，为读者提供个性化、精准化的服务。这些技术手段的应用不仅提升了服务质量，还大大提高了读者的满意度。

（三）实现档案信息资源开发利用

利用大数据技术对海量的数字档案进行挖掘和分析，从中获得更多有价值的信息。这些信息将为各界的决策者提供数据支持和参考，帮助他们做出更明智的决策。此外，智慧档案馆还致力于建立一个档案共享平台。通过这个平台，档案信息可以实现更便捷、更高效地交流与共享，这将极大地提高档案的利用效率和价值。

三、智慧档案馆在传承优秀传统文化中的作用

智慧档案馆具有丰富的档案素材和高效的信息处理能力，可以对档案中的文献信息进行精准的挖掘和利用，为传承优秀传统文化提供了有力支持。

（一）精准挖掘档案素材

智慧档案馆利用先进的信息技术，能够对档案素材开展全面深入的挖掘工作，获取更多具有代表性的文献信息，这些信息对传承优秀传统文化至关重要。智慧档案馆所采用的精准挖掘手段，能够更准确地满足人们对高质量档案信息的需求，为文化研究和传承提供更加坚实的基础。

（二）高效利用档案信息

智慧档案馆在利用大数据技术方面具有显著优势。它能够高效地分析和处理大量的数据，从中提取与文化传承相关的信息。这种高效利用的方式使档案信息得以转化为有用的知识和见解，进一步提升了其对传承工作的帮助效果。通过大数据分析，智慧档案馆能够更准确地把握文化传承的关键要素，并以此为基础，推动传统文化的传承与发展。这不仅能够提高档案信息的利用效率，还能够让智慧档案馆在传承工作中发挥更重要的作用。

（三）促进文化交流和传承

智慧档案馆致力于为国内外学者和客户提供便捷、高效的档案信息查询和利用服务，以促进文化交流和传承。通过使用这样的便利途径，国内外学者和客户能够更便捷地获取所需的档案信息，更深入地了解和学习传统文化，进一步推动文化的传承与发展。这一便捷方式不仅极大地促进了传统文化在全球范围内的传播和推广，也为文化交流和传承带来了更广阔的空间。

四、大数据时代智慧档案馆构建的策略

大数据时代智慧档案馆的构建具备可行性和必要性，需要采取一系列有效的策略来实现其高效管理和充分利用。

首先，应建立一个完善、健全的标准规范体系，其中涵盖档案管理、信息安全和数据交换等关键方面的标准规范。这样一来，能够确保智慧档案馆的建设过程高度规范化和标准化，从而提升其运行效能。

其次，在构建智慧档案馆的过程中，需加强技术研发和创新。引入先进的技术手段和管理模式，可以有效提升智慧档案馆的建设水平和档案管理效率。通过不断进行技术研发和创新，智慧档案馆能够更好地满足用户的需求，提供更高效的档案管理服务。

再次，人才培养和管理是智慧档案馆构建过程中的重要环节。需要培养一大批掌握档案管理知识和新一代信息技术的复合型人才，以应对智慧档案馆建设和管理方面的复杂挑战。加强人才培养和管理，有助于为智慧档案馆提供持续的人力资源支持，确保其正常的运营和持续的发展。

最后，跨部门合作和共享是智慧档案馆构建过程中至关重要的策略。不同部门之间进行相互协作和资源共享，可以实现档案信息资源的全面开发和有效利用。这种跨部门合作和共享的模式，能够最大化地开发和利用资源，为智慧档案馆的成功运作提供强有力的支撑。

五、大数据时代智慧档案馆构建的途径

大数据时代构建智慧档案馆需要从数字化建设、智能化设备应用、数据分析与利用、系统集成、安全保障、人才培养和持续改进与创新等多个方面

展开。

　　为了进一步推进数字档案馆的建设，必须在深入研究传统纸质档案的基础上，对现有档案馆进行改造，充分利用互联网和新技术来提升档案馆的管理系统和用户系统，以促进档案馆的发展。除了传统的实物档案外，完善实物档案与云存储相结合的双存储模式也非常重要。如果条件允许，还可以在档案馆内建立本馆的数据库，以便更好地存储和利用档案。如果资金或者空间有限，也可以与其他档案馆或数据库供应商进行合作，共同建立本馆的数据库。这样一来，不仅可以满足档案馆的需求，还可以促进合作伙伴之间的共同发展。

　　大数据时代智慧档案馆构建的途径主要体现在以下几个方面。第一，建立一个专门负责指导和协调智慧档案馆建设的机构。该机构将协调各部门之间的合作，确保智慧档案馆的建设顺利进行。第二，加大对智慧档案馆的品牌宣传力度，最大限度地发挥其潜力和作用。利用微博、微信、网站等媒体渠道广泛传播智慧档案馆的品牌形象，提高其知名度和影响力。第三，为促进智慧档案馆的深入发展，要大力引进与大数据、云计算等技术相关的人才，加强智慧档案馆的人员储备。第四，智慧档案馆的建设需要相应的设备支持，并需要一定的资金投入。传统档案馆的建设资金通常由政府支持，但对于智慧档案馆的建设而言，政府有时难以提供足够的支持。因此，智慧档案馆需要寻找新的资金来源。第五，国家应制定一系列新的政策法规，以推动智慧档案馆向更规范的方向发展。[①]

①　王艳杰.大数据时代智慧档案馆构建探析［J］.兰台内外，2019（30）：33-34.

六、大数据时代构建智慧档案馆的档案数字化

（一）档案数字化

在大数据时代，构建智慧档案馆需要实现档案数字化，这是实现智慧管理的基础。档案数字化需要将传统档案转化为数字档案，建立数字化档案库，实现档案信息的数字化管理。在档案数字化过程中，需要利用扫描、索引、分类、备份、检索等功能，将纸质档案转化为数字档案，并存储在数字化档案库中。这样不仅可以提高档案管理的效率和准确性，还可以实现大规模的数据存储和处理，为后续的数据分析和挖掘提供基础数据。除了将传统档案转化为数字档案外，还需要对数字化档案进行管理和维护。这包括建立数字化档案库管理系统，确保数字化档案的安全性和可靠性，实现数字化档案的共享和互通。在实现档案数字化的过程中，需要注意以下几点。第一，保证数字化档案的质量和准确性，避免出现数据丢失或错误的情况。第二，建立数字化档案库的安全管理体系，确保数字化档案的安全性和保密性。第三，实现数字化档案的共享和互通，提高数字化档案的利用效率和价值。

（二）人工智能技术的应用

人工智能技术以其强大的能力和广泛的应用领域成为构建智慧档案馆的重要技术手段之一。利用数据挖掘、机器学习、自然语言处理等技术，人工智能技术能够对档案数据进行深入挖掘和智能化处理，实现对其的智能分析和精准管理，大幅提升档案管理的效率和水平。通过利用大数据和人工智能技术，档案管理者可以更好地把握和应对庞杂的档案信息，并从中发现潜在的价值和意义，大数据与人工智能技术的存在和发展使档案管理工作更科学

化、更智能化，为智慧化档案管理奠定坚实的技术基础。因此，人工智能技术的发展对现代档案事业的进一步提升和创新具有重要的意义和深远的影响。以下是人工智能技术在构建智慧档案馆中的应用。

1. 智能化分类和检索

人工智能技术在对档案内容进行深入分析和全面理解的基础上，能够实现档案的智能化分类和检索。具体而言，利用自然语言处理技术的先进算法和模型，能够自动对档案内容进行细致而全面的分类，并提取其中的关键词。这种创新方法进一步优化了检索的效率，极大地提升了档案管理的科技化水平。

2. 数据挖掘和分析

人工智能的数据挖掘和分析技术，可以实现从大量档案数据中提取出更丰富、更有价值的信息和知识。例如，通过应用机器学习算法，能够对档案数据中的模式进行识别和预测，为档案管理提供更全面、更准确、更有效的支持。此外，这种技术还能够帮助我们深入了解档案数据背后的潜在关联以及不同要素之间的相互作用。这种全新的数据分析方法不仅可以提高档案管理的效率，还能够为相关领域的决策和发展提供更可靠的信息和依据。

3. 智能化推荐

人工智能技术的应用在于通过对用户行为和偏好的深入分析，达到对档案资源的智能化推荐。举例来说，智能推荐系统通过对用户的检索历史和阅读习惯进行细致入微的剖析与研究，能够有针对性地向用户提供与之相关的档案资源，提升用户的满意度和利用效能。这种智能推荐的方法能够根据用户的历史行为和喜好，精确地判断他们的需求，并在用户需要时提供合适的资源。总体而言，人工智能技术在档案资源推荐中具有巨大的潜力。

4. 自动化管理

人工智能技术在档案管理领域具有广泛的应用前景，能够有效地促进档案管理的自动化和智能化。以智能化的档案管理系统为例，它能够自动地进行诸如档案整理、归档、分类、存储和检索等重要操作。在这样的系统中，人工智能技术能够通过识别和分析档案的特征、属性和内容，自主地将档案进行有效的分类和归类。同时，它还能够智能地将档案存储在合适的位置，并能够快速地进行检索和查询操作。此外，人工智能技术还能够通过智能化的数据分析和处理，实现对档案的智能化解读和理解，帮助用户更好地了解档案的内容和价值。

5. 数据安全保障

人工智能技术在保障档案数据安全方面具有重要作用。例如，采用人脸识别和指纹识别等先进技术，能够有效实现对借阅者身份的认证和权限的管理，确保档案数据的安全性和保密性。对档案馆来说，这种创新应用能够增强档案数据安全的保护机制，在档案馆数据管理方面扮演着极其关键的角色。

（三）人工智能技术在智慧档案馆应用的意义

人工智能技术在智慧档案馆应用的意义，主要包括以下几方面。

1. 提高档案资料的智能化管理与利用

档案馆所收藏的档案种类繁多，需要耗费大量的人力和时间来进行管理。然而，借助人工智能技术，可以实现对档案资料的智能化分类、标注、描述、搜索和推荐等功能，提高了档案资料的利用率和准确性。这一技术的应用，将极大地简化档案管理的工作流程，减少人力成本，提高工作效率，并且能够确保准确地找到所需的档案信息。

2. 促进档案资料的数字化转型

档案馆囊括丰富多样的档案资料，而传统的管理方式存在一个问题——它需要占据大量的实体存储空间。然而，档案馆通过数字化转型，可以极大地节省馆内存储空间，并且还能够轻松实现档案资料的共享和利用。人工智能技术在这个领域起到了至关重要的作用，其通过图像识别、OCR 等先进技术，能够对档案资料进行数字化转型，大幅提升档案的利用率。[①]

第二节　大数据时代智慧档案馆服务功能的发展

在当前的时代背景下，随着用户需求的多样化程度不断提升，对档案资源的需求也呈现愈发丰富的特点。因此，智慧档案馆需要根据用户的需求动态调整其档案资源和档案服务，确保所有服务都围绕用户的需求展开，同时革新传统档案馆的服务模式。针对目前档案馆的用户，可进行信息需求的分析，进一步提供个性化的需求服务。智慧档案馆可以运用数据分析、数据挖掘等技术，对用户的需求进行详细深入的分析，使广大用户在档案馆的信息系统中能够准确地检索到所需的档案信息资源，最大限度地满足用户的差异化需求。

一、档案馆服务功能的政策保障

档案馆的转型升级和档案服务体系的创新发展离不开国家政策的支持。2021 年 6 月，中共中央办公厅、国务院办公厅印发的《"十四五"全国档案事

---

① 沙柳. 智慧档案馆建设中的人工智能应用与未来趋势［J］. 办公自动化，2023，28（16）：45–48.

业发展规划》指出："制定和实施引领高质量发展的档案标准体系方案，加大对不同业务领域的档案标准供给，重点推进电子档案、科研档案、建设项目档案、医疗健康档案、档案资源共享服务、档案馆服务、档案安全保护及风险防控、数字档案馆（室）建设等标准供给。"[①] 可以看出，实现档案信息资源的智能管理、集成共享和智慧服务是档案馆利用服务工作的主要目标之一。

二、智慧档案馆服务功能的展望

对比传统档案馆以"重管轻用"为主导和数字档案馆以"管用并重"为核心，智慧档案馆则更加注重提供优质服务。随着智慧城市的发展，人们的生产和生活方式发生了潜移默化的变化。在物质基础得到保障的前提下，公民对信息的需求日益多样化和个性化，这迫使档案馆必须提供更智能、更个性化、更精准的信息服务。我们可以预见，在未来的互联网虚拟社会中，用户将更重视档案信息服务的范围、方式和质量。智慧档案馆的智慧服务定义及其内涵清楚地表明，智慧档案馆智慧服务平台的构建正好适应了用户需求的变化。因此，在新的时代背景下，其能够适时地提供用户所需的服务。以下是大数据时代构建智慧档案馆服务功能的展望。

（一）服务智能化

智慧档案馆的服务将更加智能化和个性化。利用大数据分析技术，对档案数据进行挖掘和分析，建立个性化的档案检索系统，为用户提供更加精准

---

① 中华人民共和国国家档案局.中办国办印发《"十四五"全国档案事业发展规划》［EB/OL］.（2021-06-09）［2024-01-03］.http://www.xinhuanet.com/2021/06/09/c_1127547692.htm.

的检索服务，例如，可以根据用户的检索历史记录和偏好，推荐相关的档案信息。利用人工智能技术，可以让档案馆的管理和服务工作变得智能化；可以通过自然语言处理技术，实现智能问答服务；利用区块链等安全技术，建立更加完善的安全性保障体系，保障档案数据的安全性和完整性；可以通过数字签名技术，实现档案数据的不可篡改性；利用大数据技术，分析档案数据中的有价值信息，为其他领域提供支持；可以分析历史事件和社会发展趋势，为历史研究和社会经济发展提供支持。

（二）服务多元化

智慧档案馆在档案服务领域为用户提供更加丰富多样的服务。除了传统的档案查询和借阅服务外，智慧档案馆不断拓展服务边界，致力于满足用户多元化的需求。在数字化档案制作方面，智慧档案馆借助先进的扫描技术和图像处理技术，将纸质档案转化为高质量的数字化档案，为用户提供了便捷的在线浏览和下载服务。智慧档案馆还提供档案证明服务，根据用户需求，制作并出具相关的档案证明文件，确保用户在使用档案时的合法性和权威性。

智慧档案馆还积极与其他机构展开合作，以跨领域的方式为用户提供文化教育、科研辅助等服务。通过与博物馆、图书馆等文化机构的合作，智慧档案馆将档案与文化艺术相结合，推出了丰富的文化展览和教育活动，为用户带来了更加丰富的文化体验。智慧档案馆还为科研机构提供档案资料的查询和整理服务，助力科研工作的顺利进行。在展示方式上，智慧档案馆充分运用虚拟现实、增强现实等前沿技术。通过档案馆的数字化展示，用户可以身临其境地感受档案的魅力，获得更加直观、生动的档案展示体验。这种创新的展示方式不仅提高了档案的吸引力和可读性，还让用户更加深入地了解了档案的历史和文化价值。

同时，智慧档案馆还积极利用数字化手段，将传统档案转化为多媒体档案。通过音频、视频等多媒体形式，档案内容得以更生动、更形象地展现给用户，提高了档案的利用效率。用户可以通过多媒体档案更深入地了解历史事件、文化传承等方面的知识，丰富自己的视野和认知。

（三）服务泛在化

随着物联网、移动互联网等尖端科技的不断发展，智慧档案馆的服务正在逐步迈向一个更加普及且广泛的未来，其影响力和覆盖范围将呈现出无所不在的态势。在这样的背景下，用户将能够随时随地轻松获取所需的档案信息和服务，打破了传统档案查询的时空限制，为用户带来了前所未有的便捷体验。无论是借助智能手机、平板电脑等移动终端设备，还是通过社交媒体、在线平台等多样化渠道，用户都能够便捷地满足自己的需求。智慧档案馆将不再是一个固定的物理空间，而是一个随时在线、随时服务的虚拟平台。用户不再需要亲自前往档案馆，也不再受限于特定的开放时间，只需使用手机，即可实现档案的查询、浏览和下载。这种无所不在的服务模式，不仅为用户提供了极大的便利，也极大地提升了档案信息的利用效率和价值。用户可以在任何时间、任何地点，根据自己的需求和兴趣，自由探索和获取档案信息，更好地满足自己的工作、学习和生活需求。

（四）服务互动化

智慧档案馆在信息化时代的浪潮下，将扮演越来越重要的角色，与广大用户之间的互动将变得更加紧密，推动用户与档案管理和利用之间的深度融合。为了实现这一目标，可以采取一系列创新措施，为用户打造一个充满活力和吸引力的档案世界。一方面，可以建立一个充满活力的用户社区，这个社区将成为用户与档案之间沟通的桥梁。在这个社区里，用户可以畅所欲言。通过在线讨论组、论坛等形式，用户可以实时互动，探讨档案的各种问题，分享自己的见解和想法。这种互动不仅能够促进用户之间的思想碰撞和知识交流，还能够激发用户对档案的兴趣和热情，提升他们参与档案管理和利用的主动性。另一方面，可以开展丰富多彩的线上活动，如档案知识竞赛、主题展览等。用户将不再是档案管理和利用的被动接受者，而是成为积极的参与者和推动者。他们将更加深入地了解档案的价值和意义，更加主动地参与档案管理和利用，为档案事业的发展贡献自己的力量。

（五）服务知识化

智慧档案馆站在了技术的前沿，积极运用先进的数据挖掘和分析技术，对海量的档案信息进行全面而深入的挖掘和开发，使其转化为丰富而珍贵的知识库和图谱。这些知识库和图谱不仅是档案信息的汇总，更是智慧的结晶和知识的宝库。它们以直观、生动的形式，展现了档案信息的内在逻辑和联系。用户可以通过这些资源，轻松探索档案信息的广阔领域，发现其中的规律和趋势，更好地理解历史、文化和社会的变迁。

智慧档案馆不仅是一个储存档案的地方，更是一个用户深度参与、广泛探索和高效利用档案信息的重要平台。它提供了丰富的资源和综合的服务，满足了用户多样化的需求。用户可以在这里进行学术研究、文化探索、历史研究等各种活动。通过智慧档案馆的服务，用户可以更加深入地了解档案信息的价值和意义，发现其中的新知识和新观点。这些知识和观点不仅有助于用户的个人成长和发展，更可以为社会的进步和发展提供有力的支撑。

（六）服务国际化

随着全球化和数字化的浪潮席卷而来，智慧档案馆正站在一个崭新的历史起点上，积极拥抱变革，加强与国际档案界的紧密合作与交流。在这一背景下，智慧档案馆将致力于提供更广泛、更多元的国际化服务。为了实现这一目标，智慧档案馆将积极搭建跨国合作平台，打破地域界限，促进全球范围内档案资源和服务的共享与互通。通过这一平台，各国档案机构可以相互学习、借鉴，共同推动国际学术交流与文化传播的发展。这不仅有助于丰富用户的国际档案资源，更能满足他们在不同国家和地区的学术研究和文化交流需求。加强国际合作不仅意味着资源共享和互通，更意味着共同面对挑战、共同探索未来。智慧档案馆将积极参与国际档案界的前沿发展，与各国档案机构共同研究数字化时代下的档案管理与保护新模式。通过分享经验、交流技术，智慧档案馆将努力为国际档案事业的创新发展贡献智慧与力量。在全球化和数字化的推动下，智慧档案馆将成为连接世界的桥梁，为全球用户带来更便捷、更高效、更丰富的档案服务体验。

第三节　大数据时代建设智慧档案馆所面临的潜在风险

在当今的时代背景下，智慧档案馆迎来了崭新的发展机遇和挑战。作为文献和档案珍贵的存储和传播平台，智慧档案馆在承载历史文化、传承文化遗产等方面发挥着不可替代的作用。然而，在智慧档案馆的兴建与完善过程中，也面临着一系列潜在的威胁和考验。本部分将探讨智慧档案馆所面临的潜在风险。

一、大数据时代智慧档案馆的现状

当前，我国正处于智慧档案馆建设发展的时期，各级档案馆普遍开始高度重视智慧档案馆的建设工作，档案馆通过引入先进的信息技术，实现了对档案信息的数字化、智能化以及个性化服务。在强大的大数据技术支持下，智慧档案馆能够实现对档案信息的高效管理、智能分析以及个性化服务，显著提升了档案管理的效率和水平。可以看出，智慧档案馆的建设已经成为我国档案事业中至关重要的发展方向之一。

二、大数据时代智慧档案馆存在的风险及其解决策略

（一）存在的风险

在智慧档案馆建设和发展的过程中，需要认识到其存在一些风险，应采取相应措施加以规避，确保智慧档案馆的稳健发展，具体内容如下。

1. 数据安全风险

大数据时代的兴起为数据提供了更加广泛和多样的来源，但与此同时也带来了数据安全风险。在智慧档案馆进行文献和档案的收集、保存和展示过程中，面临数据泄露、篡改、损毁等安全风险，这可能会对国家、社会以及民众利益产生重大影响。智慧档案馆的建设需要处理规模庞大的数据，其中不仅包含档案相关信息，同时也包含用户数据以及管理信息等。这些数据的存储和处理存在一定风险，例如数据泄露、数据损坏、数据丢失等。由于智慧档案馆所储存的数据量巨大，涉及个人隐私和商业机密等敏感信息，若数据安全保护措施得不到充分落实，可能会导致数据安全受到威胁，影响数据的完整性和真实性。

2. 技术安全风险

智慧档案馆所采用的技术手段在不断地更新和升级，而技术更新换代也会带来一些安全风险。例如，智慧档案馆使用的系统可能存在漏洞，或者智慧档案馆的员工可能存在弱口令等风险。智慧档案馆面临的技术系统是智慧档案馆建设的基础，而大数据技术的广泛应用意味着智慧档案馆面临的技术安全风险将更加复杂和多样化。智慧档案馆在技术系统建设、运维过程中，系统在稳定性、安全性、兼容性等方面都可能出现问题，对智慧档案馆的正常运行和发展产生不利影响。智慧档案馆的建设需要引入各种新技术，如大数据、云计算、人工智能等，这些技术的引入和应用都存在一定的技术风险。例如，云计算技术可能会导致数据泄露和安全问题；人工智能技术可能会因为算法的不完善而导致结果不准确。针对技术安全风险，智慧档案馆可以采取以下措施：定期对智慧档案馆的技术系统进行安全漏洞检查，及时发现并修复可能存在的安全漏洞；加强智慧档案馆员工的培训，提高员工对智慧档案馆技术系统的熟悉程度，减少智慧档案馆技术安全风险；定期对智慧档案馆的技术系统进行安全测试，检验技术系统的安全性能。

3. 权限管理不规范

智慧档案馆的建设需要完善的管理制度和流程，以确保档案信息的安全和完整。如果管理不当，可能会导致档案信息的不准确和缺失，甚至可能会导致档案信息的泄露和损坏。智慧档案馆的权限管理可能存在不规范的情况，例如，智慧档案馆的员工可能存在越权访问数据或者泄露数据的情况。为了避免权限管理不规范带来的风险，智慧档案馆可以采取以下措施：制定规范的智慧档案馆员工权限管理制度，以限制员工的权限；加强对智慧档案馆员工的监督，以防止员工出现越权访问数据等行为；定期对智慧档案馆的权限进行审查，以保证员工的权限符合规定。

4. 服务质量不高

目前，智慧档案馆的服务质量不高。例如，网站可能存在页面加载速度慢的情况，或者提供的服务可能存在不完整的情况。另外，智慧档案馆的服务方式还比较单一，主要是提供档案查询和借阅服务。针对服务质量不高的问题，智慧档案馆可以采取以下措施：加强服务质量管理，建立服务质量反馈机制，及时处理或回复用户的问题；加强员工培训，提高员工的服务质量；定期对服务质量进行评估，检验其是否达到要求。为了提升服务水平和用户体验，智慧档案馆应在不断完善各项服务的基础上，积极探索更多个性化的服务方式，满足不同用户群体的需求。同时，智慧档案馆应重视服务质量的细节问题，如优化网站页面加载速度、完善服务内容以及确保服务的全面性和准确性。在智慧档案馆发展的过程中，注重服务质量管理，是保障其长期稳定运行的关键因素。

5. 人才缺乏

智慧档案馆需要积极地应用先进的信息技术，实现其既定的发展目标和愿景。与此同时，对拥有相应专业技能和专业知识的人才的需求也必然会显著增加。然而，当前我国在档案管理领域的从业人员，并未能够全面具备必备的专业素养和知识背景，这是智慧档案馆的进一步发展需要解决的问题。

6. 法律风险

智慧档案馆的建设必须严格遵守相关法律法规，如《中华人民共和国档案法》《中华人民共和国网络安全法》等。一旦违反了这些法律法规，就需要承担法律责任。所有存储在智慧档案馆中的数据都涉及知识产权以及个人隐私保护等敏感领域的法律法规。若这些规定未能得到遵守，就会产生法律责任并可能导致巨额经济损失。

7. 整体安全风险

智慧档案馆的建设要求确立一套全面的安全保障机制，包括网络安全、系统安全以及数据安全等，以更好地保障档案信息的安全性和完整性。若安全机制不健全，有可能面临档案信息外泄、损坏，甚至整个系统瘫痪等诸多风险。需要加强网络安全，采取有效的防火墙、入侵检测系统等措施，以建立一个坚不可摧的网络防线。需要实施严格的系统安全控制，包括访问权限管理、操作行为监控等，确保只有被授权人员能够进行操作，且系统会自动记录操作行为。需要制定完善的数据安全策略，包括数据备份、加密传输、灾难恢复等。同时，需要加强人才培养和管理，增强员工的安全意识和风险管理能力。在智慧档案馆建设过程中，务必高度重视这些安全要求，以应对潜在的风险和威胁，确保数字档案的安全运营和可持续发展。

（二）解决策略

大数据时代智慧档案馆的构建是当前档案管理工作的一个重要课题，具有重要的现实意义。在智慧档案馆建设过程中，应充分认识到其所面临的问题和挑战，努力构建一个安全、可靠、高效的智慧档案馆。

1. 加强档案数据质量管理

为了确保档案数据的准确性和可靠性，档案管理部门迫切需要加强对数据的质量监管和控制。在这个关键的过程中，规范化和标准化数据被视为一项不可或缺的举措，有助于提高数据的质量水平，为随后的数据应用和分析提供更稳固的基础。只有积极采取措施，才能有效地提升数据质量，为决策制定和战略规划提供更加可靠的支持。因此，档案管理部门不得忽视这一重要任务，应当致力于强化对数据质量的监控和监管工作，确保档案数据的质量和价值得到显著提高，为未来的发展奠定坚实基础。

2. 强化档案信息安全措施

2021 年 6 月，中共中央办公厅、国务院办公厅印发的《"十四五"全国档案事业发展规划》指出："完善档案安全管理责任制度，健全档案相关保密审查机制，组织开展经常性档案安全保密教育。"[①] 在建设智慧档案馆的过程中，一定要重视信息保护，加强数据安全的保护措施，有效防止数据泄露、损毁等情况的发生。智慧档案馆的安全管理应坚持以下几条主要原则。

（1）坚持正确的政治方向。

（2）坚持以人为本、服务为先的原则。

（3）坚持夯实基础、筑牢根基的原则。

（4）坚持安全第一、守住底线的原则。

（5）坚持综合治理、强化档案安全防范体系建设的原则。

3. 拓展档案服务方式

智慧档案馆作为数字化时代的重要文献服务机构，在深入了解用户需求的基础上，应加强对用户个性化需求的挖掘和满足。智慧档案馆可以利用先进的技术手段和丰富的资料资源，为用户提供更加多元化的服务方式，包括各种数字化文献资源的检索、下载、阅读等，同时还可以通过建立用户群体、组织讲座等方式，更好地满足用户的需求。在这个过程中，智慧档案馆需要持续改进服务质量，注重用户体验和用户需求的反馈，根据反馈信息不断优化服务内容和服务方式，实现用户满意度的提升。此外，智慧档案馆需注意保护用户数据和隐私，确保用户数据安全，提供可靠的保密措施，增强用户信任感和使用意愿。通过这些工作，智慧档案馆将更加全面地了解用户的需求和行为习惯，让用户感受到更加优质的文献服务和更加便捷的用户体验，

---

① 中华人民共和国国家档案局.中办国办印发《"十四五"全国档案事业发展规划》［EB/OL］.（2021-06-09）［2024-01-03］.http://www.xinhuanet.com/2021-06/09/c_1127547692.htm.

实现数字化时代下智慧馆藏建设目标的同时，也为促进全社会数字化转型和文明进步做出积极贡献。

4. 加强档案人才培养

应该加强对智慧档案馆工作人员培训的力度，提高其整体素质。例如，提供更全面的学习资源和培训课程，加强对新兴技术和工具的掌握和应用能力的培训，提高工作人员的创新思维和培养员工解决问题的能力。这样的培训不仅有助于提高工作人员的技术水平和适应能力，还能够提升他们对智慧档案馆工作的理解和认知，更好地为用户提供高质量的服务。此外，为了确保培训效果的可持续性，还应建立完善的评估和反馈机制，及时调整培训计划和内容，满足工作人员精进技能的需求，保持与行业前沿的同步进步。通过这样的综合培训，智慧档案馆可以更好地应对大数据技术带来的挑战和变革，提高自身的核心竞争力，为用户提供更优质的服务。

第六章　档案智慧化开发利用的发展趋势与建议

随着科技的不断进步，档案管理也面临着改革和发展，档案智慧化成为当前国内外档案管理的一个重要趋势。本章将对档案智慧化开发利用的发展趋势与建议进行探讨，以期为档案管理的发展提供有益的思路。

第一节　档案智慧化开发利用的发展趋势、要求和措施

档案智慧化是当前档案管理的一个趋势，是解决档案管理中存在的问题的有效途径。未来，档案智慧化将更加普及，成为档案管理的常态。档案智慧化开发利用将是未来档案管理的一个重要发展方向。它将带来档案管理方式的变革，使档案管理更便捷、更高效、更安全、更智能。

一、档案智慧化开发利用的发展趋势

档案智慧化是当前和未来档案管理的一个重要趋势，未来的档案管理将越来越趋向于智慧化、数字化、人性化。在科技的不断进步下，档案管理将迎来更好的发展机遇。档案智慧化开发利用的未来发展趋势表现在以下几个方面。

（一）大数据与云计算的广泛应用

大数据和云计算技术是档案智慧化开发利用的基础，可以使档案管理系统更高效、更智能。通过对档案数据进行挖掘和分析，可以更全面地了解档案信息，提高档案管理的效率。同时，云计算技术可以使不同的档案管理人员共同访问档案信息，提高档案管理的灵活性和便利性。随着大数据与云计算技术的不断发展，档案智慧化开发利用将更加依赖这些技术。云计算可以提供强大的存储和计算能力，使海量档案数据的分析和处理成为可能。而大数据则可以挖掘出更多有价值的信息，为决策提供数据支持。

（二）人工智能与区块链技术的应用

人工智能与区块链技术将在档案智慧化开发利用中发挥重要作用。这些技术可以实现智能检索、智能分类、智能识别等操作。人工智能技术可以对档案进行分类、标引、转录、分析等处理，使档案更加规范、更加标准。人工智能技术还可以帮助档案管理人员进行自动化决策，提高档案管理的效率。区块链技术是一种去中心化的技术，可以帮助档案管理人员建立合作关系，提高档案管理的可信度。区块链技术还可以对档案进行数字签名和加密，保障档案的安全性和完整性。

（三）档案信息的智能化处理

智能化处理包括自动分类、自动摘要、自动关键词提取等操作。通过智能化处理，档案信息的检索和使用变得更方便、更高效、更准确。以往烦琐的手动操作和耗时的人工摘要工作都得到极大的简化，节省了大量人力资源和时间成本。此外，智能化处理还能够提供更准确的分类标签和关键词，使用户可以更快地找到自己需要的信息，提高档案信息的利用率和充分发挥档案信息的价值。总之，新技术的应用使档案信息的智能化处理成为可能，为档案工作带来了前所未有的机遇和挑战。

（四）档案服务的智能化升级

档案智慧化开发利用将提供更智能化、更个性化、更便捷化的服务。通过人工智能等技术，可以实现智能推荐、智能搜索、智能问答等功能，提高用户的使用体验和服务质量。未来，档案智慧化开发利用将更加注重档案数字化和网络化，数字化手段能够将传统档案转化为数字化档案，并通过网络传输渠道，实现档案的快速传输和共享，提高档案的利用效率。

（五）知识图谱的应用

通过对大量档案数据进行深入挖掘和分析，人工智能可以创造出一系列知识资源，包括知识图谱等，以满足用户更全面、更系统化的服务需求。知识图谱有助于用户深入理解和灵活应用各个领域的知识结构，为用户提供有效的帮助。这种源自海量档案数据的知识图谱不仅能极大地扩展用户探索知识的范围，同时也能显著提升用户的体验。

（六）跨领域合作与融合

档案智慧化开发利用将更加重视跨领域合作与融合。与相关领域的合作与融合，对扩展档案智慧化应用的边界具有显著的意义。各个领域之间的专业人士相互合作，不仅可以充分借鉴其他领域的先进经验与技术，而且能够吸收不同领域的优势资源，达到合作共赢的目标。跨领域的合作与融合，将进一步提升档案智慧化应用的水平和层次，提供更加全面和高效的档案管理服务。通过跨领域的合作与融合不仅能够实现档案系统的智能化应用，还能够满足用户多样化、个性化和高效率的需求。因此，跨领域合作与融合是推动档案智慧化发展的必然选择，也是实现档案智慧化应用的重要途径。

（七）开放共享档案数据的应用

开放共享档案数据的应用，在档案管理领域发挥着日益重要的作用。这一举措不仅有助于档案管理人员更加高效地利用档案资源，还能够推动不同机构之间的紧密合作与深入交流。打破传统的管理壁垒可以实现档案资源的共享，最大限度地提升这些资源的价值，为更多用户提供丰富、准确的档案信息。展望未来，随着档案智慧化开发利用的持续推进，需要更加专注于数据共享和开放方面的探索与实践。通过运用先进的数字化工具和技术手段，可以实现档案数据的跨部门、跨地区共享和公开。因此，开放共享档案数据的应用是档案管理领域的重要发展趋势。我们应该积极拥抱这一变革，加强合作与交流，共同推动档案资源的共享与价值提升，为社会的可持续发展贡献智慧和力量。

（八）安全保障机制

随着档案智慧化开发的推进，需要更加重视安全保障机制的构建。为了确保档案数据的安全性和完整性，需要采取一系列措施，如数字签名技术和区块链技术等。通过数字签名技术，档案数据被加密并与特定的身份进行绑定，使其具有唯一性和不可篡改性。而区块链技术则提供了一种去中心化的数据存储和验证机制，防止了篡改和伪造。通过安全保障机制的建设，未来的档案智慧化开发利用将更可靠、更安全。

（九）档案应用领域拓展

随着档案智慧化开发的推进，需要注重拓展档案的应用领域，不能仅局限于档案管理，还应深入挖掘档案数据中蕴含的丰富信息。这种档案智慧化的应用不仅能够帮助研究人员更好地理解历史演变和社会发展，还能够为政府决策和社会管理提供有力支撑，推动社会文明和科技创新的进步。这一发展趋势将进一步加强档案的重要性和价值。

二、档案智慧化开发利用的要求

为了有效推进档案智慧化开发利用的进程，有必要在技术研发、人才培养、政策支持、数据安全保护和合作交流等方面加强工作。因此，针对档案智慧化开发利用，以下几个方面的要求需要引起重视。

（一）加强技术研发

档案智慧化开发利用的过程需要依赖先进的技术手段。这就要求增加对技术研发的投入力度，以提高技术水平和系统的稳定性。为了实现这个目标，需要利用一系列前沿技术，有效提升档案数据的分析和利用能力，实现更高效的档案管理和利用。运用这些先进技术，能够更深入地挖掘档案数据中的潜在价值，为决策制定者提供更准确、更全面的信息支持。另外，在保持系统稳定性的同时，不断推进技术的创新和应用，让我们能够应对档案管理和利用中不断出现的各种挑战，这些新技术与新应用为开创更加智能化和高效的档案管理和利用模式提供了坚实的基础。

（二）加强人才培养

档案智慧化开发利用需要具备专业的管理和技术人才。为了满足这一需求，需要加强人才的培养，提高他们的管理和技术水平。通过举办专业培训和研讨会等活动，提升档案管理人员的专业能力和素质。这些活动能帮助他们深化相关知识和技能，使其能够更好地适应智慧化档案开发的要求。不仅如此，这些活动还提供了一个交流和合作的平台，让档案管理人员能够分享经验，促进他们的全面发展和成长。我们通过加强人才培养，使档案管理人员能够更好地应对档案智慧化开发利用的挑战，为相关领域的发展做出更大的贡献。

（三）加强政策支持

在推动档案智慧化开发利用方面，政府应积极采取相应的政策措施，推动档案管理事业的持续发展。为了实现这一目标，政府可以考虑制定一系列涉及档案智慧化开发利用的法规，确保相关行为受到法律保护。这些法规可以为档案智慧化开发利用提供明确的指引，确保相关活动能够顺利进行。由此可见，政策支持对档案智慧化开发利用起到保障和推动作用，进而促进档案管理事业的良性发展。

（四）加强数据安全保护

在档案智慧化开发利用的过程中，存在数据安全和隐私保护等多种风险，需要构建一个综合完备的安全保障体系，确保档案数据的安全性和完整性。在实施过程中，可以采取一系列技术手段来加强安全保障措施，例如，使用先进的加密技术和强大的防火墙机制来维护数据的安全。另外，我们还可以通过加强访问控制、完善数据备份和恢复机制、加强网络监测和风险评估等手段来进一步巩固档案数据的安全。通过这些措施的实施，可以有效降低数据泄露、篡改和意外丢失等风险，保障档案数据的安全性。

（五）加强交流合作

档案智慧化开发利用需要不同部门、不同机构之间的交流合作，共同推动档案事业的发展。可以采取各种方式来促进交流和合作，例如定期召开交流合作会议、积极构建合作平台等。只有通过交流和合作，各相关部门和机构才能够充分利用彼此的资源和优势，实现资源共享和技术协同，推进档案智慧化开发利用朝着具体目标迈进，最终实现档案事业向纵深发展的愿景。完善合作机制和加强协同推进必将为档案行业的进一步发展注入活力。同时，建立互联互通的合作平台和积极参与交流活动也将为各相关部门和机构提供更多展示自身成果的机遇，共同开拓智慧档案领域的新局面。总之，只有通过交流合作，才能够实现资源整合和优势互补，为档案智慧化开发利用提供保障。

三、档案智慧化开发利用的措施

（一）实现档案信息标准化

档案信息标准化是构建档案智慧化的基石，不同国家和地区的档案以及不同行业的档案存在独特的格式、样式和规范。为了达到档案智慧化的目标，需要开展档案信息标准化工作。这意味着要根据国家相关标准和行业规范，结合实际情况，建立一个完整的档案管理标准体系。这个标准体系应涵盖档案分类、归档范围、保管期限、档案标识等方面的标准，以确保档案管理的规范化和标准化。确立这样的标准，能够确保不同类型和来源的档案之间实现信息的共享和交流，有效地推动档案智慧化进程。因此，档案信息标准化工作具有极其重要的意义。

（二）加强数据安全保障

数据安全保障是确保档案智慧化开发利用顺利进行的先决条件。档案中含有大量的敏感信息，如个人隐私、商业机密等，一旦发生泄露或破坏，将对社会经济和国家安全产生严重威胁。因此，必须加强档案数据的安全保障措施。具体如下。

1. 数据加密

对存储的档案数据和传输中的数据进行加密，确保即使数据被窃取，也无法轻易解密。使用强加密算法，并定期更新密钥。

2. 权限控制

实施细粒度的权限管理，确保只有经过授权的人员可以访问特定档案。使用多因素身份验证或强密码策略，提高账户的安全性。

3. 网络安全

部署防火墙和入侵检测系统，阻止外部攻击。使用安全的网络协议，确保数据传输过程中的安全。

4. 数据备份与恢复

定期备份档案数据，以防数据丢失。测试备份恢复流程，确保可以快速恢复数据。

（三）提高档案利用效果

档案利用效果是档案智慧化开发利用的核心目标。档案智慧化开发利用要解决档案管理中存在的一些问题，提高档案的利用效果。具体来说，应该通过以下几个方面来提高档案利用效果。

1. 实现档案检索的智能化

档案检索是体现档案智慧化开发利用的一个非常重要的方面。以往，通常使用目录或关键词进行档案检索，但这种方式受检索范围和能力的限制。因此，应该采用更先进的检索技术来实现档案检索的智能化，例如全文检索、多语言检索以及基于语义信息的检索等高级技术。这些技术可以使我们更高效地完成档案检索，并且能够更准确地找到所需要的信息，从而提升档案管理的效率。因此，在档案智慧化的发展过程中，应当积极推动这些先进技术的应用，以便更好地满足人们对档案检索的需求，推动档案智慧化的发展。

2. 实现档案管理的个性化

档案智慧化开发利用是为了解决档案管理中存在的一系列问题，包括标准不统一、数据安全保障不足、利用效果不理想等。为了更好地处理这些问题，应该采用先进的档案管理系统，实现档案管理的个性化。深入分析档案的特点，可以对档案进行有效的分类，建立相关权限管理措施，完善整个档案管理体系。这种个性化的档案管理模式可以提供更有效、更安全的档案管理解决方案，以便更好地利用和维护档案资源，推动档案工作的现代化进程。

第二节 如何提升档案智慧化开发利用的水平

随着信息技术的发展，各个行业都在积极地推进数字化转型。对于档案管理来说，数字化转型也是一个不可避免的趋势。而要让数字档案真正发挥作用，提升档案智慧化开发利用的水平就显得尤为重要。提升档案智慧化开发利用的水平可以从以下几个方面展开。

一、加强档案数字化建设，打造智慧档案资源库

数字化技术的研发和应用，可以改变传统档案管理流程中烦琐低效的问题，提高档案的管理效率和利用价值，为后续的开发利用工作提供基础支撑。同时，数字化建设还需注重档案信息的准确性和完整性。在转化纸质档案为数字档案的过程中，应该采取科学规范的方法，进行全面、系统的数字化处理。这包括数字扫描、数字化存储、数字化传输等环节，确保数字档案的质量。此外，加强档案元数据管理也是数字化建设的重要一环。通过对元数据的规范化管理，我们可以更好地利用数字档案，提高其可用性和可持续性。

二、引入智能化技术，实现数据挖掘和分析

引入智能化技术能够提高档案管理的效率和服务质量。同时，引入大数据技术，可以对海量数据进行挖掘和分析，从中提取出具有价值的信息和知识，为决策提供数据支持。档案资源蕴藏着丰富的历史和文化信息，需要通过数据挖掘和分析来发掘其价值。在数据挖掘和分析的过程中，要明智地选择和清洗数据源，采用先进的算法和工具，深入分析数据，以挖掘出更多有价值的信息。

三、建立智能化管理系统

建立智能化管理系统可以实现档案信息的自动化管理、智能化操作和远程监控等功能，有效降低因人为失误而导致的损失。智慧化档案系统平台是档案智慧化开发所依赖和利用的关键核心。为了满足不同需求，平台的功能

应当丰富多样，并能够实现各种数据类型的导入和查询。在平台的建设过程中，应当不断借鉴先进的档案管理思想和科技手段，推动档案信息的共享和流通。同时，平台的建设需要积极参与国家数字文化遗产保护战略，加强档案资源与其他数字文化资源的整合和互通，为数字文化遗产的传承与保护提供有力支持。

四、加强信息安全保护

在进行档案智慧化开发利用的过程中，必须加强档案信息的安全保护，确保其在传输、存储、处理等环节的安全性和完整性。应当建立一个全面的安全管理体系，以应对日益复杂的信息安全风险。同时，需要加强对信息安全风险的监测和预警，采取相应的防范措施，防止信息泄露和损坏。此外，还应重视对员工的信息安全教育培训，提高其对信息安全的保护意识。

五、加强人才培养和管理

加强人才培养和管理是档案智慧化开发利用的一项重要保障措施。为了达到这个目标，需要着力培养一批既具备深入了解档案管理知识又掌握新一代信息技术的复合型人才。与此同时，强化员工培训和管理也是必不可少的。这样可以确保人才队伍更专业化，为档案智慧化的推进提供坚实的人才基础。

六、创新服务模式

创新服务模式在提升档案智慧化开发利用方面具有重要作用。为了满足用户需求和适应市场变化，需要提供更加个性化和更为便捷的服务方式。这可以通过建立移动客户端、在线问答、在线查询等多种功能来实现。这些创新服务能够有效提升用户的使用体验，提高服务质量，更好地满足用户的需求。进行创新服务模式的探索和实践能够打破传统服务模式的束缚，为用户提供多元化、便捷化的服务选择。

第三节　档案智慧化开发利用对实际工作的影响

随着信息技术的快速发展，档案智慧化在各行各业受到越来越多的关注。档案智慧化开发利用对实际工作领域的影响主要体现在以下几个方面。

一、提高档案管理效率

档案智慧化开发利用可以借助数字化技术、智能化技术以及相关手段，实现档案信息的快速检索、整理、分析和利用，从而大幅提升档案管理效率。同时，自动化管理的方式还能够节约人力成本和时间成本。

二、促进档案数据共享与开放

档案智慧化开发利用可以推动档案数据跨部门、跨地区的共享和开放，极大地提升了档案的可利用度和效能。通过档案数据的在线查询和共享，用户可以随时随地获取所需的档案信息。当涉及档案智慧化开发利用时，通过运用数字化、网络化等一系列先进技术手段，不同部门和地区之间实现了高效协同办公，打破了时间和空间的约束，提升了协同办公的效率。

三、扩大档案应用的领域范围

档案智能化开发利用可以深入挖掘档案数据所蕴含的宝贵信息，为各个领域的应用提供强大的支持。举例而言，通过分析历史事件和社会发展趋势，可以为历史研究和社会经济发展提供重要参考。此外，还可以拓展至教育、文化、环境保护、法律等其他领域，推动这些领域取得突破性进展。通过这种方式，档案智慧化开发利用能够为整个社会带来巨大的引领作用，激发出无尽的创新活力和潜能。

四、人员素质的提升

档案管理人员素质的提升在档案智慧化开发利用方面起到至关重要的作用。积极推动档案智慧化开发利用工作的开展，可以有效提升档案管理人员的专业能力和素质，推动档案管理行业朝着更先进、更高效、更智能化的方向发展。

五、加强决策支持

通过深入挖掘并充分发挥档案智慧化的巨大潜力，可以提炼出极具价值的信息与知识。借助这些信息和知识，决策者能够更深入地洞察问题本质，做出更明智的决策。智能化的决策支持可以更好地应对复杂多变的外部环境，确保决策的科学性和合理性。因此，这种加强决策支持的措施不仅具有重要意义，更有望为决策过程带来深远影响。它不仅能够提升决策能力，还能够推动国家档案事业的持续发展，为我们创造更加美好的未来。

六、优化服务体验

通过智能化和个性化等前沿技术手段，档案管理系统不断开发和优化档案智慧化服务，力求为用户带来更加便捷、高效且个性化的服务体验，以满足他们日益多样化的需求。智能化和个性化的服务方式，使档案管理人员能够更加精准地理解用户的需求，为他们提供更加贴心、专业的服务。通过不懈的努力和创新，档案管理人员能够为档案智慧化服务的发展注入新的活力，为用户带来更加美好的服务体验。

七、增强档案安全性

积极引入数字化和网络化等前沿技术手段，可以实现对档案信息的全面备份与严密保护。这一创新举措不仅极大地增强了档案信息的可靠性，更在源头上有效预防了档案信息丢失和损坏的风险。此外，借助智能化管理系统，可以实现对档案信息的自动化管理和实时监控。这些安全保障措施，不仅确保了档案信息的完整性和准确性，更在数据传输和存储过程中构筑了多重防线，严防非法获取或篡改行为的发生。

第四节　人工智能在智慧档案建设中的应用

人工智能作为一种智能化的技术手段，具有自主学习、自动化处理、多样化应用等特点。使用人工智能可以提高档案处理的效率和准确性，为智慧档案建设提供新的思路和方法。随着人工智能技术的不断发展，人工智能在智慧档案建设中的应用也越来越广泛。

一、人工智能应用的主要档案类型场景

就档案载体形式而言，人工智能技术的应用领域主要集中在声像档案管理方面。这种技术不仅可以用于传统纸质档案的数字化处理，还可以应用于数字化声音和视频档案的管理。通过利用人工智能技术，可以实现对声音和图像的自动识别、分类和索引。就档案信息内容而言，人工智能技术的应用范围较为广泛，包括历史档案、文书档案、病历档案和会计档案等。可以说，在档案管理中，人工智能的应用场景非常多样。以下将对逐个场景进行分析。

（一）档案开放审核

档案开放审核是档案开放利用的基础，也是档案工作中的难点问题。目前，各级档案馆的档案开放审核工作普遍停留在人工审核阶段，依靠人工逐字逐句审核、判断，工作量大，工作效率低，严重制约了档案开放的进程。运用人工智能技术，可以实现档案的自动化审核。例如，可以采用自然语言处理技术，对档案材料进行自动分析和识别，判断其是否符合审核标准。此

外，还可以利用机器学习技术，训练出一套自动审核的模型，根据档案的不同属性和特征，自动进行分类和审核。

（二）数字化成果处理

纸质档案数字化加工仍然是当前阶段档案部门的一项非常重要的工作任务。传统的档案数字化加工方式，需要人工操作，工作量巨大，非常枯燥和烦琐。例如，进行图像质检工作时，必须进行人工翻转、纠偏以及去除噪点等操作。在使用人工智能技术进行档案数字化加工的过程中，不仅可以自动识别并完成以上人工操作，还可以进行图像质检、条目著录、全文 OCR 识别等操作，进一步提高了数字化成果的质量和精度。

（三）辅助档案整理

辅助档案整理是通过运用人工智能技术，高效完成档案整理工作，提高工作的效率。可以利用 OCR 自动识别档案材料中的文字和图像，实现自动分类和归档。可以利用自然语言处理技术，对档案材料进行自动分析和提取，快速了解档案的内容和结构。此外，还可以利用深度学习技术，对数字化成果进行自动分类和标注，提高数字化成果的可读性和可搜索性。

（四）档案的智能检索

档案的智能检索通过运用人工智能技术，高效地开展档案检索，有效提升检索的准确性和效率。以自然语言处理技术为例，该技术可以对用户的检索请求进行自动化分析和深入理解，实现智能化检索的目标。此外，机器学习技术能够根据用户的历史检索行为，为用户提供更准确的检索结果。这些技术的运用，为档案管理带来了深刻的变革。

（五）辅助档案编研

档案编研的重要意义在于丰富档案的内涵，并挖掘其内在价值。传统档案编研存在一些限制，导致许多珍贵、有价值且与主题相关的档案无法被纳入编研范围，进而对编研成果产生影响。然而，随着自然语言处理技术的引入，编研素材收集过程中的智能检索引擎、知识图谱和智能推荐等功能，能够为档案编研提供丰富且高质量的素材，从而提高编研质量和效率。此外，编研过程中可以采用类似大语言模型的思路，通过使用开源框架、自建数据库以及购买算力的方式，为档案系统定制轻量级的语言模型。并且，可以选择合适的数据、模型结构和训练方法来对语言模型进行优化。有了这个轻量级的语言模型，编研人员将从繁杂的编研工作中解脱出来，只需要输入编研主题，编研系统就能自动开展档案编研工作，并生成相应的档案编研成果。

（六）声像档案的处理

声像档案的处理一直是数字化时代的热门话题。在过去，可以使用磁带和光盘等媒介来存储音频和视频文件。然而，这些媒介存在一些缺陷。例如，磁带和光盘都会因为使用过程中的物理磨损导致数据损坏或丢失。随着技术的不断更新和发展，数字化声像档案成为保存、管理和传输音视频数据的最佳方式。数字化声像档案的处理包括采集、编辑、压缩、存储和传输。采集环节是最重要的环节之一。为了获得高质量的声像档案，必须使用高品质的设备和软件进行录制和处理。编辑和压缩是数字化声像档案处理的关键步骤。通过对音视频文件进行剪辑、特效、滤镜等操作，可以使声像档案更具艺术性和表现力。在压缩过程中，必须保证压缩比例合理，以避免影响音视频质量。存储是数字化声像档案处理过程中需要注意的另一个方面。由于音视频文件体积较大，需要选择可靠的存储设备，例如硬盘、云存储和闪存卡等。此外，还需要定期备份和维护存储设备。传输是数字化声像档案处理的最后一个环节。在传输过程中，必须注意保护数据的安全性和完整性。同时，要选择合适的传输方式和网络环境，以避免数据传输过程中出现卡顿、丢包或者延迟等问题。

（七）辅助接待利用

辅助接待利用是借助智能客服、机器人、人脸识别以及语音识别等先进科技，拓宽档案服务的渠道，创新档案服务的方式，成为档案馆实现便民服务发展的重要方向。这些创新技术的应用，使档案馆的公共服务更多样化、更便利化，使用户能够更方便地获取所需的档案信息，提高档案馆的知名度和用户的满意度。

（八）库房的智能助手

在档案库房中，人工智能应用的业务场景包括智能库房机器人及语音控制等。智能库房机器人创新性地采用了RFID技术，实现了多种功能，例如精确定位档案的位置、精细协调密集架的开合、高速存取档案以及自动巡航等。以档案上下架操作为例，机器人通过识别RFID信息便能够将待存档案传送至相应的档案架进行自动上架；而在取档案时，机器人同样能够通过准确辨别档案存放位置及RFID信息，从档案架上抓取目标档案并实现自动下架。通过这种高效协同的方式，档案库房的作业效率得到了显著提高。

二、人工智能应用的主要档案业务场景

（一）档案收集方面

人工智能技术以其强大的辅助能力，在档案数据收集方面具有显著的优势。利用智能检索及录入技术，能够更智能地捕捉并提取大量的元数据，丰富档案的信息内容。利用深度学习技术，高效地收集构建档案所需的必备信息，进一步提升档案建设的质量。人工智能技术在口述史料的征集和采集工作中也具有独特的应用价值。利用智能语音识别技术，能够实现对口述史料的智能化采集，可以更好地记录和保存口述史料，进而丰富档案的多样性和完整性。

（二）档案管理方面

人工智能技术在档案工作中扮演日益重要的角色，尤其在档案整理、档案价值鉴定、档案修复保护和档案安全管理这四个关键领域，其应用效果尤为显著。在档案整理方面，人工智能技术展现出强大的潜力。借助人工智能技术，可以实现对大量档案的快速整理和精准分类。在档案价值鉴定方面，人工智能技术发挥着重要作用。档案的价值往往与其内容、历史背景、保存状况等多个因素密切相关。通过深度学习和图像识别等技术，人工智能系统能够对档案进行深度分析，提取出有价值的信息，并辅助专家进行价值判断。在档案修复和保护方面，人工智能技术同样非常重要。针对档案中可能出现的破损、模糊等问题，人工智能系统可以通过图像修复、文字识别等技术手段进行修复和还原。同时，通过监测档案存储环境、预测潜在风险等方式，人工智能系统能为档案的安全管理提供有力保障。

（三）档案保存方面

人工智能技术融入电子文件管理系统中，可以自动归档和保存档案。这种创新的应用方式能够有效减少人工操作所需的工作量，同时也能够显著提升档案保存的速度和准确性。这样的技术手段不仅使档案管理的过程更高效，也为用户打造了更便捷的工作环境。它的引入不仅展现了人工智能在信息科技领域的广泛应用，也为电子文件管理系统带来了更先进和更智能化的发展方向。

（四）档案利用方面

人工智能的应用在档案检索和档案服务领域展现出显著的优势。对档案检索而言，在人工智能技术的帮助下，能够大大提高检索的全面性和准确性，有效地满足用户对档案信息的需求。通过智能化的检索系统，用户能够以更快速、更准确的方式找到所需要的档案信息，充分发挥出人工智能的智能化和自动化特色。另外，人工智能技术的应用为档案服务和展览提供了新的机会和挑战。通过跨界融合与创新，能够利用人工智能技术为档案服务和展览注入更多个性化和精细化元素。智能化的展示系统能够根据用户的喜好和需求，实现个性化的展示效果，提升用户的参观体验和互动性。人工智能技术还可以通过分析用户的行为数据和反馈信息，不断改进和优化档案服务和展览的质量，提供更贴近用户需求的服务。

三、人工智能应用于档案管理的主要技术

根据 2020 年《国家新一代人工智能标准体系建设指南》[①] 所述,人工智能技术可以分为关键通用技术和关键领域技术。关键通用技术包括机器学习、知识图谱、模式识别等,而关键领域技术则包括自然语言处理、智能语音、计算机视觉、生物特征识别等。依据这一分类,目前我国档案管理对人工智能技术的应用主要集中在知识图谱、模式识别、自然语言处理和生物特征识别四个方面,并且在实际应用中,这些技术往往以融合的形式同时被使用。在采用知识图谱技术时,重点是将其应用于关联数据的分析和利用。在使用模式识别和自然语言处理技术时,则侧重于实现档案的数字化和数据化,以提高档案管理的效率和精确性。在利用生物特征识别技术时,主要是将人脸识别技术应用于档案利用服务中,以确保安全可靠的身份验证和访问控制。这样的应用模式既能发挥人工智能技术的优势,又能满足档案管理的实际需求。[②]

第五节 5G 背景下档案云服务体系的构建

5G 技术的快速发展和广泛应用,意味着大数据时代的到来,传统的档案管理方式已经无法满足现代社会对信息处理和共享的需求。为此,构建一个

[①] 国家标准化管理委员会 中央网信办 国家发展改革委 科技部 工业和信息化部关于印发《国家新一代人工智能标准体系建设指南》的通知［EB/OL］.（2020-07-27）［2024-01-08］.https://www.gov.cn/zhengce/zhengceku/2020-08/09/content_5533454.htm.

[②] 负疆鹏,加小双,王妍.人工智能在我国档案管理中的应用现状与对策分析［J］.档案与建设,2023（2）:62–65.

高效、安全、可靠的 5G 背景下的档案云服务体系，显得尤为重要。在 5G 技术的支持下，档案云服务体系具有以下特点：5G 网络拥有更高的传输速率和更低的延迟，可实现实时上传和下载档案信息；5G 技术可以将计算资源分布在网络边缘，使云服务更智能化；5G 网络采用更严格的加密算法和认证协议，保障档案数据的安全性；可以根据用户的需求进行扩展，满足不同规模和需求的档案管理和处理；可以实现多终端使用，用户可以通过电脑、手机、平板等多种终端设备访问和管理档案信息；除了基本的查询、检索、共享外，还可以实现数据备份、恢复、更新等多种功能操作，方便用户进行档案管理。基于 5G 技术的档案云服务体系将是未来档案管理的新趋势，可以更好地满足现代社会对档案管理的需求，实现信息资源的共享和优化。未来，它将不仅仅是一个简单的档案存储和管理平台，而是一个更智能、更高效、更安全可靠的档案处理和共享平台，为社会信息化进程做出更大的贡献。

一、档案云服务体系构建的意义

档案云服务在当今社会中具有十分重要的意义。随着 5G 技术的不断发展，信息传输将变得更快捷、更便利，这为云服务体系构建提供了更好的技术基础。档案作为组织和个人的重要资产，具有记录历史、反映现实、指导未来的价值。通过将档案存储在云端，用户可以实现远程访问和多终端使用，大大提高了档案利用效率。与此同时，云服务还可以实现多级备份和缓存，以保证档案数据的安全性和可靠性。这意味着即使出现意外情况导致数据丢失，档案依然可以被恢复。5G 技术具有更快的速度、更广的覆盖范围、更低的时延和更高的容量，能够满足人们对高速网络的需求。

除此之外，档案云服务还具有其他一些非常重要的意义。首先，它为文化遗产保护和数字资源共享提供了更强大的技术保障。比如，一些重要的历史文献或艺术品可以通过云服务的方式进行数字化存储和传播。其次，档案云服务还可以为政府部门、企事业单位以及个人用户提供更便捷的服务。通过云服务，政府部门可以更高效地管理和利用大量的档案资料；企事业单位可以更便捷地共享、使用与管理各种信息资源；个人用户可以更方便地存储和使用自己的个人档案，如照片、音频、视频资料等。

二、档案云服务体系构建的原则

在档案云服务体系构建的过程中，需要遵循标准化、开放性、灵活性和可靠性的原则，并采取多种措施保证数据安全。

首先，标准化是构建档案云服务体系必须遵循的原则之一。云服务需要遵循国家标准以及行业标准，保证云服务的稳定性、可靠性和安全性。只有遵循标准化原则，才能够更好地保证档案的数据安全，同时也能够防止档案云服务在后期运营过程中出现各种问题。

其次，开放性是构建档案云服务体系的重要原则。云服务需要具有良好的可扩展性和开放性，允许第三方应用程序接入。这样可以极大地扩展档案云服务的功能和应用范围，使用户可以更多地享受云服务所提供的便利。同时，也可以为开发者提供更多的技术支持，为档案云服务的发展带来更多的创新可能性。

再次，灵活性是构建档案云服务体系的重要原则。不同的档案对云服务的需求不尽相同，因此，云服务需要根据不同档案的需求进行灵活配置，为用户提供个性化的服务。只有具备灵活性，才能够更好地满足用户的需求和期望，提高用户的满意度。

最后，可靠性是构建档案云服务体系必须遵循的原则之一。云服务需要采用多项措施保证数据的可靠性，如缓存、灾备等。只有做到可靠性，才能够更好地保障档案的安全和完整，防止档案数据丢失、泄漏等情况的发生。

三、档案云服务体系构建的实现

5G 的高速率、低时延和大连接数的特性，为档案信息的传输、存储和检索提供了更高效、更稳定和更安全的保障，档案云服务将成为未来档案管理的主要方式。在 5G 背景下构建档案的云服务体系需要综合考虑云计算平台、云端档案管理、云端档案利用服务与安全保障、持续维护与更新等。这样可以提高档案的管理效率和服务质量，满足用户对档案数据的需求。

（一）云计算平台

云计算平台，又称云平台，是一种能够支持各种数据存储、处理和计算的技术。根据其功能和特性的不同，云计算平台可以被分为三大类别：存储型云平台，主要用于数据的存储和管理；计算型云平台，主要用于数据的处理和分析；综合云计算平台，即兼顾数据的存储和处理。在实践中，企业或机构可以选择建立自己的云计算平台，或者购买云服务平台来向用户提供云服务。为了满足不同实际需求，用户可以根据需要选择合适的云计算平台。需求的多样性表现在配置选择和存储容量等方面，这样才能够实现档案数据的有效存储和备份。当然，在使用云计算平台的过程中，安全性和稳定性是非常重要的因素。为了保障档案数据的安全和可用，必须确保所选择的云计算平台具备高度的安全性和稳定性。只有这样，才能够放心地将档案数据存储和管理在云计算平台中，充分发挥云计算平台的优势。

（二）云端档案管理

通过云端档案管理系统，可以实现档案的集中管理和统一存储，提高档案管理效率。首先，采用数字化技术将档案信息存储在云端，实现档案信息的高效存储和管理。云端存储具有容量大、数据安全、备份便捷等优势，能够更好地保障档案信息的稳定性和安全性。其次，利用云计算技术实现云端档案的检索服务，提高档案信息的检索效率和精准度。通过建立索引、分类、标签等方式，实现对档案信息的高效管理和检索，为用户提供更便捷的查询服务。最后，采用区块链技术实现云端档案的共享服务，实现跨地域、跨机构、跨领域的档案信息共享。建立可信的数据共享机制可以实现档案信息的高效流通和利用，为档案馆的发展和利用创造更多机会和空间。该系统应具备文件管理、目录管理、权限管理、备份恢复等功能，能够满足不同用户的需求。利用 5G 网络的高速率、大带宽、低时延的特性，提升档案云服务的性能和效率。5G 网络技术引入云端档案管理系统，可以实现档案数据的快速传输和实时共享，满足不同用户对档案数据的需求。

（三）云端档案利用服务与安全保障

云端档案利用服务可以为用户提供更便捷的档案利用体验。例如，通过云端检索功能，用户可以在云端数据库中快速查找所需档案；通过云端在线阅读功能，用户可以在线浏览档案文件；通过云端下载功能，用户可以将档案文件下载到本地使用。另外，在构建档案的云服务体系时，要特别注意档案的安全保障。采用多种安全措施，例如，加密存储、访问控制、权限管理等，确保档案数据的安全性和完整性。同时，要建立完善的备份和恢复机制，保证档案数据的可用性和可靠性。

（四）持续维护与更新

为了保障档案云服务体系的稳定性和可用性，企业或机构需要具备专门的技术团队，负责云服务平台的建设和运维。利用大数据技术实现云端档案的维护服务，提高档案信息的准确性、完整性和时效性。通过对档案信息的数据挖掘和分析，实现对档案信息的更新和维护，提高档案信息的质量和价值。例如，定期检查云计算平台的硬件和软件环境、更新档案管理系统的功能和安全补丁等。

四、档案云服务体系构建的应用前景

档案云服务基于云计算、大数据和人工智能等先进技术的融合，能够为用户提供高效、便捷且安全的存储和访问服务。这种服务从根本上改变了传统的档案管理方式，使其更适应现代社会的要求，并且为用户提供了更广泛的功能和更优质的体验。通过档案云服务，用户能够轻松地将大量数据存储在云端，摆脱了传统媒体存储方式的限制。同时，用户可以随时随地访问和管理自己的档案，无论是在办公室还是在家中，都能轻松完成各种操作。此外，档案云服务加强了对数据的安全保护，采用了多重加密和访问控制等措施，确保用户的信息不会被泄露或篡改。总之，档案云服务为解决传统档案管理面临的挑战提供了新途径，同时也带来了更多的机遇和可能性。它不仅能够满足用户对数据存储和管理的需求，还能够为用户提供更多样化和智能化的服务，从而推动整个档案管理领域的发展和进步。

（1）在政府机构中，使用档案云服务可以起到非常重要的作用。它能够帮助政府机构实现档案数字化管理以及信息化建设。政府机构通常拥有海量的档案资料，而这些资料需要进行分类、整理以及归档等。档案云服务提供了相应的工具和系统，通过自动化和规范化的方式，帮助政府机构更好地管理这些档案资料。同时，档案云服务还具备协助政府机构实现信息共享和公开的功能，这可以提高政府机构的透明度和信息化水平。因此，借助档案云服务，政府机构可以更高效地处理档案管理事务，进一步促进其数字化转型。

（2）在企事业单位和文化机构中，借助档案云服务，可以实现档案管理的数字化和电子化，从而有效减少冗余和重复的工作，进而提升工作效率。同时，档案云服务能够加强组织内部信息的流通与共享，进一步提高工作协同的效果。在学校，借助档案云服务，学生、教师和管理人员都能够享受到更便捷的教育资源共享和课程管理服务，这有助于推动教育信息化建设的进程。通过提供全方位的解决方案，档案云服务为各个领域带来了诸多便利和优势，有助于推动社会的数字化进程。

（3）在个人用户层面，档案云服务提供了丰富的功能，既可以帮助用户备份、恢复和保护数据，又能够有效地避免由于设备损坏或数据丢失而引起的不可挽回的数据损失。此外，档案云服务还具备个性化的数据访问服务，以满足用户对数据访问和分享的多元化需求。尤其在 5G 技术不断发展和普及的背景下，档案云服务更进一步地实现了数据的即时访问和管理。用户无论身处何时何地，只需利用设备即可轻松实现数据的高效访问和精准管理。这给用户带来了极大的便利，让他们更自由地应对生活和工作场景的各种需求。

档案云服务将成为未来档案管理的主要方式，其应用前景非常广阔。随着技术不断创新和升级，档案云服务将成为数字化时代的基础设施之一，为人们的工作、学习和生活带来更便利、更高效的服务体验。

参考文献

一、专著

［1］陈兆祦，和宝荣，王英玮.档案管理学基础（第四版）［M］.北京：中国人民大学出版社，2021.

［2］全国人大常委会办公厅.中华人民共和国档案法［M］.北京：中国民主法制出版社，2020.

［3］王英玮，陈智为，刘越男.档案管理学（第五版）［M］.北京：中国人民大学出版社，2021.

［4］吴佩林.清代地方档案中的政治、法律与社会［M］.北京：中华书局，2021.

［5］向阳，吴广平，陈金艳.档案工作实务（第三版）［M］.北京：北京大学出版社，2022.

［6］张虹.档案管理基础（第四版）［M］.北京：中国人民大学出版社，2019.

二、期刊

［1］白洁，蔺子鑫.高校人事档案数字化管理策略探究［J］.办公室业务，2023（12）：168–170.

［2］崔晨.提高档案管理科学化水平的路径探讨［J］.兰台内外，2023（25）：25–27.

［3］陈静，韩海涛，田伟.大数据时代智慧档案馆构建探析［J］.北京档案，2015（1）：25–27.

［4］陈永生，詹逸珂，王沐晖.从历史档案开放到档案开放——我国档案开放政策研究［J］.浙江档案，2023（1）：27–30.

［5］陈亚芳，杜响成，郑莹斌.数字智能修复技术在历史档案领域中的应用［J］.中国档案，2022（12）：32–33.

［6］陈帅.实现数字化医疗保险档案管理的必要性分析［J］.兰台内外，2023（29）：22–24.

［7］陈永生，王沐晖，詹逸珂.语境与实践：历史档案开放的域外情形与现实思考［J］.档案管理，2023（5）：44–46.

［8］董敏.智慧档案馆信息化安全管理工作探讨［J］.档案天地，2022(9)：46–48.

［9］杜宝文.档案信息化管理发展路径与档案信息开发利用的探讨［J］.信息记录材料，2020，21（7）：32–33.

［10］杜军.大数据时代智慧档案馆馆藏资源开发利用的创新路径［J］.城建档案，2021（9）：50–51.

［11］丁海斌，刘卉芳，许茵.中国近代档案史档案史料研究［J］.档案与建设，2021（11）：38–44.

［12］段文锋. 以历史眼光看 以历史担当做——浅谈对中国式现代化和档案工作服务推动作用的认识［J］. 中国档案，2023（4）：8–9.

［13］付虓. 纸质档案管理与电子档案管理的融合分析［J］. 兰台内外，2023（29）：40–42.

［14］高燕. 关于近代中国档案学产生研究的文献综述［J］. 兰台世界，2012（29）：15–16.

［15］巩淑芳. 智慧社会背景下智慧档案馆的智慧服务研究［J］. 办公自动化，2022，27（13）：52–55.

［16］干泉. 构建企业档案云数据联动平台实践［J］. 办公室业务，2023（18）：66–68.

［17］顾静，丁华东. 口述历史档案社会记忆再生产的基本特点与思考［J］. 北京档案，2023（6）：19–23.

［18］冯兵，王文龙. 新中国成立以来中国档案事业发展的历史进程、主要成就与基本经验［J］. 档案，2023（3）：4–11.

［19］广东省档案馆. 见证抗战历史 弘扬抗战精神——广东省档案馆编纂《抗日战争档案汇编》成果与经验［J］. 中国档案，2022（9）：38–39.

［20］郝艳慧. 新时代档案管理工作新思路［J］. 图书情报导刊，2023，8（8）：23–27.

［21］侯艳玲. 智慧政务背景下综合档案信息化管理体系建设探究［J］. 兰台内外，2023（21）：47–48.

［22］何彦昕. 试析大数据时代背景下档案管理数据化转型［J］. 机电兵船档案，2020（3）：87–89.

［23］姜峰. 大数据时代中学档案管理探究［J］. 陕西档案，2023（5）：53.

［24］姜宇栋.深入研究党史 痴迷寻宝三十年——访革命历史档案研究专家费云东［J］.中国档案，2023（6）：72–73.

［25］纪萌，黄河.依法治档新征程——写在新修订的档案法公布两周年之际［J］.中国档案杂志，2022（6）：22–23.

［26］罗凯.档案管理跨部门协同的优势、问题及对策研究［J］.山西档案，2023（1）：159–161.

［27］李倩.数字化转型下高校智慧档案馆建设实践与探索［J］.兰台世界，2023（11）：61–63.

［28］李红艳.风景名胜区档案管理探究［J］.陕西档案，2023（5）：42–43.

［29］李玥.数字人文视域下北京历史文化名城保护档案开发路径探析［J］.北京档案，2023（4）：40–42.

［30］路铁砚.大数据时代企业智慧档案馆的构建探析［J］.山东档案，2021（2）：78–80.

［31］娄策群，李春云.新时代我国乡村档案管理体制改革的思考［J］.档案学研究，2023（5）：46–53.

［32］梁继红，李小静.历史档案文本数据化的方法论基础：面向文种的古文书学［J］.档案学通讯，2023（3）：106–112.

［33］梁鹏.档案见证历史 历史见证成长——历史无声档案有痕［J］.陕西档案，2023（1）：20–21.

［34］刘泽禹，任越.智慧城市背景下智慧档案馆功能框架分析［J］.山西档案，2023（3）：72–79.

［35］刘巍.坚定历史自信 坚持历史主动 让档案文化在中国式现代化进程中发挥重要作用［J］.黑龙江档案，2023（2）：14–15.

［36］刘新丽.档案管理在单位内部控制方面的作用及应用措施［J］.兰台内外，2022（20）：31-33.

［37］刘丹.文献计量视域下的档案管理研究现状与前沿分析［J］.文化创新比较研究，2023，7（23）：80-84.

［38］刘彩华.浅谈在市政建设中加强市政档案管理［J］.兰台内外，2023（29）：55-57.

［39］刘静.档案管理工作的现状与时代融合［J］.兰台内外，2022（17）：31-33.

［40］柳泽宇，王忠欢，张雪.新时代档案人要做历史研究者［J］.兰台内外，2022（33）：81-82.

［41］龙家庆.档案行动主义的历史溯源、核心内涵与思想批判［J］.档案学研究，2023（2）：28-35.

［42］马燕燕.企业档案智慧化管理的特色和优势［J］.现代企业文化，2022（35）：31-33.

［43］马燕婷.广东高校民国档案保存情况调查与保护开发研究［J］.档案学刊，2022（4）：49-56.

［44］马倩.机关事业单位档案管理中的电子档案管理探究［J］.陕西档案，2023（5）：50-52.

［45］倪榕."人工智能＋档案"视角下档案智慧化标准化服务体系建设探究［J］.大众标准化，2023（21）：8-10.

［46］奥曼.论我国历史档案的分级管理——以清代历史档案为例［J］.兰台内外，2022（24）：6-8.

［47］潘秀明，施秀平.《档案法》修订背景下高校档案管理的趋向与途径［J］.兰台内外，2021（33）：43-44.

［48］秦鹏博.档案 守护人类历史记忆［J］.科学大观园，2022（19）：72–75.

［49］孙静英.数字中国规划下基层档案智慧化探索与思考［J］.兰台内外，2023（33）：21–22.

［50］石丽静.信息化视阈下档案管理工作存在问题及改进措施研讨［J］.兰台内外，2023（29）：7–9.

［51］苏静普.智慧档案：数智化时代应对历史虚无主义的新路径［J］.档案，2023（7）：71–74.

［52］陶艳艳.试论社区居民电子健康档案现状及管理对策［J］.办公室业务，2023（22）：152–154.

［53］王倩倩.大数据时代基于用户需求的智慧档案馆建设初探［J］.机电兵船档案，2020（2）：88–90.

［54］王巍.企业档案鉴定的程序和方法与档案资源开发利用［J］.现代企业，2023（10）：42–44.

［55］王艳杰.大数据时代智慧档案馆构建探析［J］.兰台内外，2019（30）：33–34.

［56］王长圆，曹宇.档案信息内向性视角下的档案提供利用发展探析——以《中华人民共和国档案法实施条例（修订草案征求意见稿）》修订为中心［J］.兰台世界，2022（10）：40–43.

［57］王立杰.新时期档案信息化建设的策略研究［J］.文化产业，2022（32）：22–24.

［58］王丹.大数据时代影像技术与声像档案管理工作的融合与创新［J］.资源信息与工程，2019，34（4）：153–154.

［59］王峰丽.加强新时代公立医院干部人事档案管理的思考［J］.陕西

档案，2023（5）：38–39.

［60］王蕾，沈桂凤.社会力量参与档案管理的驱动因素分析［J］.陕西档案，2023（5）：11.

［61］王梦醒.档案管理模式改革在医院档案管理中的应用［J］.兰台内外，2023（29）：58–60.

［62］王梦.基于大数据技术建设高校智慧档案馆的思考［J］.科教导刊，2023（23）：10–12.

［63］魏景霞.档案短视频多元叙事及价值实现研究［J］.档案管理，2022（5）：78–79.

［64］薛四新，袁继军，胡凤华.高校档案现代化管理发展探析［J］.中国档案，2018（5）：61–63.

［65］肖哲.历史追溯与革新路径——中国档案学基础理论研究的特征阐释［J］.黑龙江档案，2022（5）：20–22.

［66］燕妮.抗战老兵口述历史资料档案化管理的重要意义研究［J］.陕西档案，2023（3）：37–38.

［67］杨鹏，金波.数智时代智慧档案建设的逻辑理路与运行线路［J］.档案学通讯，2023（2）：48–56.

［68］俞峥.奋力书写乡镇档案事业现代化发展新篇章［J］.档案与建设，2023（10）：81–82.

［69］叶英俊.国有企业档案数字化的探索与实践探究［J］.办公室业务，2023（22）：161–163.

［70］于莎莎.大数据时代智慧档案馆馆藏资源开发利用的创新路径［J］.城建档案，2019（12）：27–28.

［71］颜晗，丁海斌.中国近代档案史料在近代档案史研究中的应用［J］.

档案与建设，2022（11）：37–40.

［72］张蕾.大数据在企业智慧档案馆建设中的应用［J］.办公室业务，2018（5）：103.

［73］张珺.基于人工智能的智慧化档案管理体系的构建与优化［J］.办公室业务，2022（13）：187–189.

［74］张志明.档案管理中模式改革创新分析［J］.兰台内外，2022（15）：9–11.

［75］张斌，李星玥，杨千.档案学视域下的数字记忆研究：历史脉络、研究取向与发展进路［J］.档案学研究，2023（1）：18–24.

［76］赵颖.中国式现代化下档案信息资源的开发利用［J］.兰台内外，2023（30）：48–49.

［77］赵洋.数据挖掘技术在档案管理工作中的应用［J］.兰台世界，2023（8）：89–91.

［78］赵梓吟.新形势下电子档案管理与档案信息安全研究［J］.兰台内外，2023（20）：19–21.

［79］周颖.大数据时代电子档案管理现状和发展策略研究［J］.兰台内外，2023（29）：13–15.

［80］周子晴.大数据时代档案数据化生存与发展初探［J］.浙江档案，2022（5）：45–48.

［81］章燕华.以数智化驱动引领档案事业现代化的发展进程与实施路径［J］.档案学通讯，2023（6）：4–13.

三、学位论文

［1］常大伟.国家治理现代化视阈下我国档案治理能力建设研究［D］.武汉：武汉大学，2022.

［2］单金凝.丹东市元宝区干部人事档案管理问题研究［D］.大连：辽宁师范大学，2023.

［3］葛婷.评近代档案学人的学术贡献［D］.苏州：苏州大学，2017.

［4］黄慧玲.我国电子档案管理系统功能相关标准研究［D］.沈阳：辽宁大学，2023.

［5］刘转平.档案的文化功能实现研究［D］.哈尔滨：黑龙江大学，2013.

［6］刘敏杰.省级档案机构治理能力建设研究——以安徽省为例［D］.合肥：安徽大学，2022.

［7］李丰宇.大数据战略下干部人事档案数据云平台构建研究［D］.郑州：郑州航空工业管理学院，2022.

［8］石羽岑.乡村治理视阈下的乡村档案工作策略研究［D］.武汉：湖北大学，2023.

［9］吴丹丹.RC集团人事档案管理数字化转型研究［D］.重庆：重庆工商大学，2023.

［10］王君仪.基于数字政府平台的档案信息服务研究［D］.郑州：郑州航空工业管理学院，2023.

［11］王琳琳.大连市J区干部人事档案管理问题研究及对策分析［D］.大连：东北财经大学，2023.

［12］许晋.国民政府时期档案法规评述［D］.哈尔滨：黑龙江大学，

2013.

［13］徐刘红.数字人文视域下档案文化创意服务研究［D］.南昌：南昌大学，2023.

［14］左娜.档案领域参与数字人文的适应性推进模型与路径研究［D］.长春：吉林大学，2022.

［15］张聪慧.档案数字化管理研究［D］.济南：中共山东省委党校，2022.

四、报纸

［1］高楠.高校档案管理信息化建设的思考研究［N］.山西科技报，2022-03-28（B07）.

［2］鲁妮娜.档案见证历史中的雅安记忆［N］.雅安日报，2023-06-09（003）.

［3］李佩英.论电子档案管理的优势及其挑战［N］.山西市场导报，2023-11-30（D03）.

［4］刘杨.巨鹿：档案管理数字化服务群众便捷化［N］.河北经济日报，2022-10-12（007）.

［5］刘筱瞳，乔鸣喆.基于大数据时代的档案管理信息化建设分析［N］.科学导报，2021-10-22（B03）.

［6］卢元爱.事业单位应重视人事档案管理工作［N］.韶关日报，2021-08-07（A04）.

［7］彭彦洁.一键查阅档案［N］.张家界日报，2023-10-26（002）.

［8］王艳杰.以"点、线、面"结合促进档案管理工作快速发展［N］.

辽源日报，2020-06-09（003）.

［9］周程祎.“跟着档案观上海”，走进城市历史“元宇宙”［N］.解放日报，2023-06-14（005）.

［10］张蕾.对新形势下如何加强和改进企业登记档案管理工作的思考［N］.攀枝花日报，2021-08-13（004）.

五、其他

［1］泛微.历代时期的档案馆［EB/OL］.（2023-05-04）［2023-11-01］.https://zhuanlan.zhihu.com/p/626761678.

［2］花都智慧档案库房.医院档案智慧管理：医院档案在全生命周期视角下的智慧管理［EB/OL］.（2022-11-18）［2023-12-11］.https://baijiahao.baidu.com/s?id=1749809020233393631&wfr=spider&for=pc.

［3］99学术网.档案编研工作的内容［EB/OL］.（2022-08-25）［2023-11-20］.https://www.99xueshu.com/w/e2rvx7fhl152.html.

［4］数字罗塞塔计划.AI在档案管理中的应用场景分析［EB/OL］.（2023-04-28）［2023-12-14］.https://zhuanlan.zhihu.com/p/625698088.

［5］细雨青衫.看一看历史上的档案馆［EB/OL］.（2016-11-16）［2023-11-02］.http://www.360doc.com/content/16/1116/03/8102575_606896009.shtml.

［6］震旦科技.档案科普 我国古代的档案工作［EB/OL］.（2022-08-17）［2023-11-02］.https://baiJiahao.baidu.com/s?id=1741375803332449015&wfr=spider&for=pc.